삶의 향기, 순풍에 다가오고

- 바람결에 나의 체취體臭 흩날리고(Ⅲ) -

[시를 닮은 수필, 수필 닮은 시]

石淸 정대요 지음

홍익출판사

自序

다시 쓰는 회고록回顧錄

아이가 부모님의 사랑과 은혜를 체험하며
점차 자아自我의 놀라운 성숙을 의식한다.

늦은 나이에 시詩를 쓴 이후부터 시에 대한
사랑이 싹트고 정서적으로 안정감을 되찾은 사실이
시가 안겨준 은혜로움은 끝내 아이의 놀라운
성장과 같은 현상이라 신선한 충격이다.

시집 2집을 내어보니 비록 욕심이 주어질지라도
5집까지 쓰겠다는 의욕이 생기는데 과욕인가?
지금과 같은 분위기가 지속持續이 되면 5집
그 이상도 쓸 수 있다는 자존감自存感에
가끔 나만의 즐거움에 젖어보기도 한다.

지인들의 담백한 지지가 역동성이 되고
그 지지에 용기 또한 확신確信케 되었다.
시상詩想이 머릿속에 가득 채워지는 한
시작노력詩作努力이 끝나지 않음을 다짐한다.

2026년 새해 벽두에

목차

손녀의 시

〈제3시집 평설〉

꽃자루가 긴 꽃

지난해에 응시하다 시상詩想에 빠져들었던
그 꽃, 올해도 어김없이 피어나고,
꽃자루가 너무 길어 꽃 무게 짐이 되어 무거운 듯
모든 꽃 우산을 쓴 모습 아래로 향하고
산들바람에 하늘하늘 고개 돌려 춤추네.

하얀 꽃잎에 노란색 꽃밥의 조화
예쁜 자태 지고지순至高至純이다.
당당해도 부족함 없는데 고개 숙여
수줍은 형상形象 방긋방긋 살포시 미소 짓는다.

햇살 받은 꽃잎 하얀 자막에
노랑 꽃밥 한낮에도 영롱玲瓏하게 빛나고
만개한 꽃잎 주위로 꿀벌의 날갯짓 소리
벌집의 그 '윙윙' 소리 요란하다.

밀원식물蜜源植物인가?
꽃도 앙증맞고 예쁜데 꿀샘의 꿀단지를
벌 · 나비에 선물하는 마음씨 착한 때죽나무!
늘 그대 가까이 있어 행복한 나날이다.

* 밀원식물(蜜源植物) : 꿀이 많아 벌이 무리 지어 찾아오는 식물.

손녀의 그림

손주들 한자리에 모두 모였다.
작은 손녀 집안에 들어서자
바로 스케치북과 색연필을 찾아
오늘도 그림 그리기 계속할 자세다.

지난번 그림은 백마 타고 온 왕자가
긴 칼 허리에 차고 다가오고 있는 모습
손녀는 나무 그늘에 누워 잠을 자고
속 눈썹 길고 예쁜 형상은 공주를 닮았다.

할머니가 냉장고 정면에 붙여두고
감추어진 의미 해석하기 위해 매일 바라보며
손녀의 큰 뜻 헤아려 보는데,
오늘 그림은 할머니 모습이 완전 왕후마마다.
할아버지도 한번 그려보면 좋겠다 주문하니
빠르게도 그려낸다.
"아니! 할아버지를 옛 시절 나무꾼으로 그렸네."

손녀의 깜찍한 말이다.
"할아버지와 똑같은 모습인데."
아! 세상에 이렇게 슬픈 일이
이제부터 몸 관리에 신경 써야 할까나?

단비甘雨

이른 봄 싱싱한 상추 맛이 그리워
텃밭 일구어 상추씨를 뿌렸다.

새싹이 나오기 기대하며 물 조리개로
매일 물 주고 다음 날 또 그다음 날도
물을 주었지만, 못내 소식이 없고

봄 가뭄이 심해서 그런가?
아침저녁으로 일주일째 물을 준 뒤에야
간혹 하나씩 새싹이 고개를 내민다.
그렇지만 다음날도 비 소식 없어
평소처럼 물을 주었는데
밤새 그 반가운 비가 내렸다.

5㎜ 적은 양이 왔지만 반갑고 고마워
서둘러 텃밭으로 나가자 놀라운 일이다.
아, 빈틈없이 새싹 돋아 올랐다.
하늘에서 내리는 빗물은 무슨 마법사인가?
특별한 영양분이 들어있는가?

정녕 이제야 알 것 같네.
하늘에서 내린 비는 단비甘雨라는 사실을.

위실蝟實 나무

인동과에 속하는 낙엽소교목이다.
수고樹高는 2.5m 정도로 수많은 꽃이
순차적으로 피어나고 향기도 강하다.

자투리땅이나 코너의 빈 땅에 심어두면
공간 활용에도 효율성이 높다.
6월에 꽃 피는데 무슨 꽃이냐고 묻는
길손님이 많아 설명하기에 바쁘다.

꽃 모양과 색이 천리향瑞香과 비슷하나
꽃대가 길어 산들바람에 흔들리는 모양새는
단체로 장단 맞춰 춤을 추는 듯 환상幻想이다.

아래부터 먼저 핀 꽃 위에 줄지어 피고
그 꽃이 지기 전 또 피어나기 반복하는데
꽃가지 전체가 삿갓 눌러쓴 꽃송이 다발
어깨를 맞대고 있는 꽃대궐이다.

꽃이 다 피면 가지는 힘겨워 아래로 쳐지는데
좌우로 흔들흔들 어사화御史花를 보는 듯
다가오는 여름에 저토록 꽃이 만개하면
손주들과 꽃 잔치를 열어야겠네.

* 꽃대 : 꽃의 암술머리와 씨방을 연결하는 둥근 기둥 모양의 가늘고 긴 부분.

노산공원魯山公園

삼천포 해안가에 있는 노산공원
옛적에는 육지와 분리된 외로운 섬,
돌 징검다리 놓아 왕래하던 옛 이름 노다리 산

학문 논하고 시 문답하는 학당 호연재에
노다리를 이용하여 출입하는 사람 많았으나
민족혼 말살을 위해 일제가 강제 철거했는데,
지역민의 요구에 당국의 협조로 매립해
육지와 연결되어 삼천포에서 제일 아름다운
노다리 산이 노산공원으로 환생했다.

동쪽 바로 앞 중절모를 닮은 작은 섬 목섬
바위 절벽이 해수 침식을 막아주고
섬 상부는 해송이 사철 푸르름을 지켜낸다.

공원 남쪽 해안은 붉은 사암砂岩이 넓게 깔려
파도에 씻긴 평편한 바윗돌이 펼쳐지는데
그 채석강彩石江이 바로 여기네.

저녁노을 붉게 물든 서쪽 저 멀리 삼천포대교
긴 차량 행렬이 마치 은하철도가
우주를 지나가는 듯 바라만 보아도
동화 속으로 빨려 드는 환영幻影이다.

* 노다리 : 사람이 통행하는 다리 길로 징검다리의 방언.
* 채석강(彩石江) : 변산반도 서쪽의 층암절벽 해안.

영산홍

진달래과에 속하는 상록관목 영산홍
축대 아래로 일정 간격 유지하여
나란히 3줄로 심었더니,

진달래와 철쭉꽃이 지고 나면
연이어 피어나 축대 전체가
분홍색조로 단장되어 행인들 바라보고
약속이라도 한 듯 가다 서기 반복이다.

오늘 본 영산홍의 색은 또 놀라움이다.
순광純光에서 지켜보면 연분홍軟粉紅인데
역광逆光에서는 진분홍眞粉紅이다.

햇빛을 직접 받은 꽃잎이 직사광선의 반사로
본래의 색상이 감쇄減殺 되는 현상일까?

역광에서 햇빛이 꽃잎 통과하면 꽃잎 속
색소까지 투영시켜 진분홍으로 변색하니
참 자연의 이법理法 놀라운 현상이다.

* 순광(純光) : 피사체가 햇빛 받는 방향.
* 역광(逆光) : 피사체가 햇빛 받는 방향의 뒤쪽.
* 감쇄(減殺) : 덜어서 없앰.

송홧가루

송홧가루는 소나무 수꽃가루다.
벌 · 나비의 도움 없이 수정을 위해
바람에 날려 암꽃 만나 스스로 수정한다.

소나무 새순 하단부에 쌀알 크기의
씨앗 주머니 군집을 이루어 돋아나서
4~5월 바람 불면 수꽃 씨앗 주머니의
송홧가루가 날려 온 세상 가득하다.

멀리서 보면 짙은 안개같이 보이는 꽃가루
저쪽 산 소나무 암꽃에 닿으면 수정되고
같은 가지의 암꽃에도 바람의 손길에
날려가서 수정되는 자연의 순리 놀랍다.

암꽃은 밋밋한 새순 상단부 새끼 솔방울이
돌기처럼 솟아나 수꽃가루 찾아오면
수정되어 발아 가능한 솔씨로 변형變形되고,

수꽃은 수정부터 일반 나무와 확연히 달라
태생부터 올곧은 습성이 본성으로 자리해
흔들림 없는 절개로의 잇닿음이다.

남해 금산南海 錦山

남해군에 있는 금산錦山(701m)은 기암절벽과
한려수도의 푸른 물결 어울려 비단같이 아름다워
오래전부터 금산錦山이라 일컬어왔다.

이곳에서 기도하여 나라를 세웠다는
태조 이성계의 기도기단祈禱基壇이나
양양 낙산사, 강화 보문사와 함께 3대 기도처로
쌍계사의 말사인 보리암도 자리해 있다.

보리암은 신라 원효대사가 창건해 수도하던 곳
금산錦山의 중앙에 위치하여 남해를 굽어보는
더없이 유서 깊은 유명사찰寺刹이다.

수년 전 전원주택을 지어 입주한 막내동생 집
어느 순간 거실에서 처음 본 남해 금산과 보리암이
한눈에 들어와 클로즈업된 정황은 신선한 감동으로,
비단같이 예쁜 산과 보리암을 거실에서 바라보는
호사好事 누리는 동생의 안목에 못내 감탄했다.

한눈에 남해 금산과 보리암이 보이는
집터 구하느라 고생 많았다는 격려의 말과 함께
어떻게 이런 좋은 집터를 잡았는지 묻자
“형님! 저도 오늘에야 처음 봅니다.”

아! 길지吉地는 하늘에서 점지하여 주시는구나!
소소한 삶의 일상에서 매일 기도하는 일만 남았다.

베토벤 교향곡 9번

1979년 생애 첫 주택 마련해 입주하는 날,
아주 작은 집 13평 AID 아파트
달셋방에서 이사하니 너무 즐겁고
황홀해 그 기분 그냥 넘길 수 없었다.

당시 별표 전축은 자산목록 1호
LP판을 고음으로 볼륨 올려
1악장부터 4악장까지 듣고 또 들었다.
고전음악에 헤아림이 부족해도 악성樂聖 베토벤이
교향곡의 지존至尊임은 능히 알았다.

밤늦게까지 고음으로 들었으나 이웃도
이 교향곡을 함께 감상하는 중인가?
이사 들어온 사람을 용서하는 탓인가?
혼자만의 착각으로 나만의 기분에 취해 본다.

1악장부터 4악장까지 수차례 들어 그런지
고전음악에 눈뜨는 소중한 기회가 된 듯
일반 음악과 다른 특이한 매력을 발견하였다.
지금도 고전음악 들을 때면 주위를 물리치고
마음과 몸을 한껏 단정히 하는 습성習性이다.

고개 돌리는 꽃

바늘꽃과에 속하는 낮 달맞이꽃
꽃말은 "무언의 사랑, 청순"
4개의 꽃잎이 아주 큰 홑꽃이다.
연분홍으로 피어나는데
꽃잎 속은 흰색에 씨방은 진노랑이다.

청순하고 맑은 낮 달맞이꽃
경이롭게도 아침이면 동쪽으로
저녁이면 서쪽을 바라보고
매일 보아도 햇빛 따라 고개 돌린다.

어느 누가 이름 지었는지 궁금하지만,
이름을 해맞이 꽃으로 바꿔주는 것이
꽃님 유전자에 맞을 듯하다.

특별한 관리 없이도 번식력이 좋아
잡초라고 착각하고 뽑아 버렸지만,
살아남은 씨앗에서 새순 올라 4월 말쯤
동시에 만개하니 짐짓 난감한 마음에
감사感謝한 마음 함께 피어나기 소망한다.

바위는 흙의 조상

지구가 처음으로 탄생할 때는 암석으로
덮여 있어 식물은 물론 어떤 생물도
살아갈 수 없는 황량한 바위 천지였다.

긴 세월 흘러 바위는 비바람과 온도 변화에
깨어져 아래로 구르다가 잘게 부서진 조각은
모래로 더 잘게 부서진 입자는 흙으로 태어나는데

여기에 식물이 자라 좁은 바위틈을 파고들어
바위를 쪼개어 아래로 구르면서 작아진 모래
역시 흙의 생성에 이바지한다.

흙 속에 유기물이 분해되어 비옥한 토양으로
바뀌어 동식물 자양분 생성의 온상이 되는데
참 고마운 흙의 역할에 경외감을 불러온다.

우리가 살아가고 있는 주위는 지천에 흙이다.
흙에 씨앗을 뿌려서 경작하여 먹거리를 생산하며
생존을 가능하게 하는 흙의 고마움이 배어있다.

주위에 보이는 논밭 그리고 산야에 흙 없는 곳이
없지만 흙의 장구長久한 세월 동안 베풀어주는
은혜로움에 고개 숙여 고마움을 전해본다.

바위는 흙의 조상! 흙은 생명의 참샘이며 젖줄이다.

대미산大美山과 붕샘鵬井

사천시 와룡산 기슭 먼당봉 아래 배고개마을
마을 앞 동서로 길게 뻗어있는 2개의 작은 산
대미산大美山의 풍경

서쪽 용두동과 동쪽 궁지동의 야산까지 포함하면
4개의 대미산大美山이 높이 50m 길이 350m로
동산 가까운 작은 산이 동서 일직선상에 있다.

풍수상의 대미산은 일자문성一字文星으로
귀격貴格으로 알려져 있다.
대미산이 안산案山으로 터를 잡으면
정관학재政官學財 분야에 발복發福이
찾아온다는 길지吉地의 잇닿음이다.

분포 암석은 안산암에 장석 함량이 높아
수질을 자체로 정화 시키는 맥반석 관입 지역
주위 암반관정의 지하 수온은 25도에 근접해
온천 지역의 개발 가능성이 크다는 전문가 얘기

마을 앞 대미산 서쪽 아래 안산암 바위틈
자분정自噴井인 붕샘鵬井 식수와 농업용수로 사용하고

때로는 홀로 붕샘 가까이 다가가면
수면이 너무 잔잔하여 푸른 하늘만 보이고,
더 가까이 수면 위에 진푸른 물안개 피어나고
그 아래로 깨끗한 자갈돌이 햇빛 받아
반짝이며 선명하게 다가온다.

수정같이 맑아 물 없는 샘으로 착각할 정도라
최고의 길지 일자문성과 사철 자분自噴하는 맑은 물!
태초에, 이곳에 터 잡은 조상께 감사感謝다.

* 붕샘(鵬井) : 날개의 길이가 삼천리이며 하루에 구만리를 날아 간다는 상상의 새가 날아와서 먹는다는 마르지 않는 샘.
* 자분정(自噴井) : 압력을 받은 지하수가 스스로 땅 위로 솟아오르는 우물.

이슬방울

청명한 날씨 이어지니
풀잎 끝 이슬방울 점점 커진다.

풀잎에 아슬아슬 매달린 방울 모습
떨어지기 직전이다.

발자국 진동에
떨어질 듯 좌우로 흔들린다.

크리스탈 구슬 같은 외모
둥근 거울에 나의 모습 담겨있다.

큰머리 주먹코 천하대장군天下大將軍을 닮았네.
내일 이 시간 어떤 모습 보여줄지……
머리 작고 단정한 모습 기대한다.

황철쭉

봄이 오면 개나리 매화 진달래가
먼저 피고, 이어서 연분홍 철쭉꽃
또 지고 나면 황철쭉이 피어난다.

황철쭉은 봄꽃이 다 지고 나면
주위에 꽃이 없어 아쉬울 때,
노랑 색조로 외롭게 크게 피어나
피로를 풀어주고 즐거움 안겨준다.

눈길 지나다 다시 되돌아보는 예쁜 꽃
주위의 푸른색을 배경으로 외롭게 피어난
진노랑 황철쭉이다.
간혹 바라보는 시선 있어 스스로 만족하는 듯
잎보다 먼저 피는 특별한 꽃
아기의 환한 미소 닮은 청순한 꽃
외롭게 피어나지만 외롭지 않은 꽃
오래 바라보면 얼굴 어루만질 듯 포근하고
얼핏 보고 지나다 잔영殘影 살아나는 맑은 꽃이다.

조조曹操와 여백사呂伯奢

조조가 동탁 암살에 실패하여
현령 진궁과 함께 도망가던 중
옛친구 여백사 집을 찾게 되었다.

그는 너무 반가워 가족에게 돼지를
잡으라 하고 술을 사기 위해 집을 나섰다.

부엌에서 조카들이 돼지를 "묶어서 죽이자"라는
소리에 깜짝 놀란 조조는 뛰어나가
이들을 무참히 단칼로 베어버렸다.

조조와 진궁은 도망가려 나서는데
여백사가 술을 들고 오고 있었다.
"아니, 술을 준비했는데 어디 가시오?"

조조는 손에 칼을 쥐고
"뒤에 오는 저 사람은 누구요?"
여백사가 고개를 뒤로 돌리는 순간
후환後患이 두려워 여백사를 참斬해 버렸다.

권력욕이란 비정非情하고 냉혹冷酷하다.
중국 역사상 최초의 여황제로 비정非情한 측천무후,
형제도 모르는 왕자의 난 주인공인 조선의 태종,
조카의 권좌를 빼앗고 유배 보내 살해한 세조,
권력욕은 끝내 인간성을 말살하는 마법魔法인가?

살아있는 지구

잔디밭 정원에 잡풀이 돋아나
오갈 때마다 뽑는 일이 일상이 된 지
오래되었다.

뽑아내는 잡풀은 민들레, 고들빼기,
제비꽃, 씀바귀, 광대나물 등
채소밭에 씨앗 뿌려 자라면 귀한 채소인데

잔디밭에 자라면 잔디 뿌리가 얽혀서
흙을 붙여 채취하기 어려워
잡풀도 소중한 창조주의 생명이지만,
그냥 뽑아서 아무 생각 없이 버린다.

자연이란 참 신비로운 능력의 소유자
씨앗이 바람에 날려 성장이 어려운 잔디밭에
어떻게 저토록 뿌리를 내렸을까?

산불로 인해 황량荒凉한 곳에 3년 이내
애초 식생의 종류가 빠짐없이 새싹으로
자라나는, 신비롭고 놀라운 생명력
지구를 살린다는 전문가의 학설이지만,

자연의 고마움은 한순간 감동으로 끝내지 말고
자연보호에 더 즉각적이고 실천적인 행동,
더없이 절실하다는 생각에 잠겨본다.

한려수도閑麗水道

한려수도는 통영 한산도와 여수의 바닷길 300㎞
유무인도 400여 개의 섬을 잇는 수로를 1968년 12월
국립공원으로 지정해 오늘에 이르고 있다.

이곳의 경치 근거리에서 한 눈으로 보기 위해
통영 미륵산, 삼천포 각산, 여수 해상케이블카 이용하면
숨이 멎을 듯 신비롭고 아름다운 경치 즐길 수 있어,
한순간 황홀경에 빠져든다.

아주 작은 섬은 중절모 닮았고 큰 섬은 삼각산으로
한낮의 물빛은 은빛으로 아른아른하다.
파도 없는 날 잔잔한 물결에 햇살 받는 반사각이 달라
반짝거림이 밤하늘의 은하수를 옮겨 놓은 자태다.
오후의 일몰日沒에 황금 융단을 펼쳐 놓은 비단길
황금 호수로 변해 더없이 이채롭다.

한려수도의 더 높은 곳 조망을 위해
사천시 와룡산과 하동군 금오산에서 내려다본 경치는
담백한 수채화水彩畵의 최우수작이다.
잔잔한 물 위에 떠 있는 수많은 작은 섬은
아이들이 모래밭에서 소꿉장난으로 그린 예쁜 그림이다.

대한민국에 이렇게 예쁜 경치가 있었던가?
자연이란 아름다움을 조형하는 특별한 예술가!
감히 범접犯接하기 어려운 초능력의 소유자임을
인정하는 큰 깨달음을 뒤늦게 알았네.

구상나무의 가르침

소나무과에 속하는 상록교목인 구상나무
한국 특산종으로 18m까지 자라는데 기후 이상으로
멸종위기에 처해있어 안타까운 일이다.

대밭에서 싹 틔운 구상나무는 대나무 그늘에서
살아남는 묘책으로 대나무보다 빨리 자라
햇볕 보기 위해 유전자의 특성도 무시한다.

본성은 가지를 넓게 뻗쳐 다른 식물이 자라지 못하게
그늘 만들었지만, 이곳의 열악한 생육환경의 극복을 위해
가지에 쏟는 에너지를 원줄기를 대나무와 같이
가늘고 길게 하늘을 향해 치솟아 올리는 생리다.

드디어 햇빛 찬란한 하늘 가까워지고
대나무 위에 오르게 되었지만 할 일은 남았다.
가지를 넓게 펼쳐 대나무 죽이는 일이 급선무
뿌리 쪽 영양분 손실 막기 위한 본성의 동원이다.

구상나무 그늘에 대나무는 광합성이 어려워
끝내 사라지고 일정 면적은 구상나무의 소유다.

대나무 위에 구상나무 신세계가 넓게 펼쳐지니
자연이란 참 신비롭고 경외감敬畏感 넘쳐나
그 이치가 구상나무의 가르침이라
인간사人間事도 이와 닮았다.

지구와 닮은 별

미국 NASA에서 2015년 발견한 별로
지구에서 1,400광년 떨어진 먼 거리
우주망원경으로 케플러Kepler 452b의
발견은 놀라운 충격衝擊이다.

지구보다 1.6배 크고 나이는 60억 년
공전주기도 1년 385일로 지구와 비슷하다.
수십 년 내에 생명체 존재 여부 확인이
가능하다는 가슴 벅찬 희소식이다.

우리는 지구에만 살아가는 고립된 존재가
아닌 서로 이웃하며 살 수 있는 쌍둥이 별이
있다는 사실만으로도 놀라운 신비감이다.

좁은 땅에서 상대와의 경쟁에서 우위 점하기 위해
수단과 방법을 가리지 않고 쟁투 일삼는
비정한 현실에서 그 경이로움은 지대하다.

지구인은 스스로 반성하면서 새로운 미래를
지향해 공동체 의식으로 함께 나아가야 할 시점이
빨리 찾아오기를 소망하며 기도드린다.

바다의 고마움

바다는 지구 면적의 71%를 차지하는 거대 영역
태양열을 흡수하여 지구 온도를 낮추고
다양한 생물이 서식하여 인간에게 식량자원으로
기여寄與하는 놀라운 생명의 본원本源이다.

바닷물을 증발시켜 육지에 사는 모든 동식물이
살아갈 수 있는 담수淡水를 제공하지만, 자신은
염도 높은 해수海水로 남아 다양한 해양생물이
자생할 수 있는 환경을 저토록 제공한다.

때로는 태풍으로 대량의 담수와 함께 온갖 씨앗을
육지 곳곳으로 운반하여 생태계의 균형을 맞추고
육지의 오염된 물질을 바다로 받아들여 해수의
자체 정화작용으로 지구 오염을 억제하는 고마운 처소다.
아, 인간의 과욕으로 바다가 오염되는 현상 안타깝네.

지금도 오염된 징후가 곳곳에서 발견되어 생태계가
소멸할 위기임을 인정하지만 남의 일로 넘기는 실상이다.
바다의 자생 능력이 임계상태臨界狀態에 다다른 지금
전 인류가 자신의 일임을 절감할 시점이다.

민들레의 모성

축대 아래에 피어난 예쁜 꽃 민들레,
먼저 핀 꽃 지면 연이어 피어나고
늦가을까지 쉼 없는 예쁜 자태 뽐낸다.

잔디밭에 힘들게 자리 잡은 민들레
잡풀과 함께 사정없이 뽑혀 나가고
퇴비 야적장에 던져진 운명이다.

수일 후 야적장에 피어난 꽃씨 봉오리,
꽃씨 임자가 민들레가 맞다.
민들레 홀씨 바람에 흩날려서
저토록 일부 남은 상태일지라도

만신창이로 잘려 나간 몸통에
절반 남은 뿌리, 잎과 꽃대 말라
생명의 흔적 사라진 아픔이다.

어떤 유전인자가 이렇게 강한 모성애를
태동胎動하게 하였을까?
민들레 모성은 신의 능력을 초월한 듯

후손 번식後孫 繁殖을 위한 끝 모를 모성애
생명체의 지존至尊이신 그대에게 경배다.

* 경배(敬拜) : 경의나 공경의 뜻을 나타내기 위하여 공손히 절하는 자세.

하늘은 왜 파란색으로 보일까?

우주에서 바라본 지구의 색조色調도
지구에서 바라본 하늘도 파란색이다.

빛의 산란 파장이 짧은 파란색 보라색 빛을 많이
산란시키므로 우리 눈에 푸르게 보인다.

빛의 산란 파장이 긴 주홍과 빨간색은 빛을 적게
산란시키므로 눈에 쉽게 들어오지 않지만,
일출과 일몰 시에는 대기 중 먼 거리 지나야 하기에
산란이 적은 주홍과 빨간색으로 보인다.

사람의 눈은 보라색보다 푸른색 감지하는 능력이
더 민감하므로 보라색보다는 또 푸른색 강하게
인지할 수 있다는 과학자 간의 이론이다.

문제는 우주에서 바라본 지구의 색도 푸른색인데
이는 지구 대기권에서 빛의 산란이 이루어진 탓에
지구는 파르스름한 연옥색軟玉色으로 빛난다.

대기권이 존재하지 않는 별은 푸른색이 나타나지 않아
별 중의 별 지구는 축복받고 태어난 항성恒星이다.

* 빛의 산란(散亂(Rayleigh Scattering) : 빛이 대기나 액체 속의 미세 입자에 부딪혀 산란하는 현상으로 짧은 파장일수록 빛의 산란이 더 활발히 일어나 파란색이 두드러지게 보인다.

빗방울과 천둥

모내기 끝낸 물논에 빗방울 떨어지고
처음에는 한두 방울 떨어져
동그라미 한두 개 그려 내더니

제법 많은 빗방울 떨어져 물논 전체에
동그라미로 동영상 그려 내고,
큰 빗방울 크게, 작은 빗방울은 작게 그려
처음 떨어진 곳에서 점점 멀리 퍼져 나간다.

물에서는 동그라미
창에서는 수직선, 바람 불면 사선斜線
부드러운 흙에서는 왕관 흔적 남기고

소리 없이 조용히 오는 비 그려낸 그림은
아기의 소리 없는 예쁜 미소에
일순 마음의 평화가 찾아오고

폭우가 쏟아져 빗방울 흔적 사라지고
요란한 빗소리에 주위 익숙한 소음은 침묵할지라도
마음속은 여러 생각으로 못내 불안이다.

폭우에 천둥소리 더하면 마음이 더 약해져
지난날의 잘못이 불현듯 다가오고
끝내는 두 손 모은 회개悔改 수준이다.

농심農心은 기도祈禱하는 마음

시설농업이 정착되어 가고 있지만
특수작물이나 채소류가 주종 이룰 뿐이다.

넓은 면적의 벼농사에 기계화 영농이지만
다수의 농부는 하늘 도움 없으면
기대 이상의 수확은 어려운 현상이다.

수리 안전답도 안심할 수 없는 형세,
적기에 비가 오지 않으면 수리 시설도
한계 능력 초과하는 가뭄이 잇닿으면
응당 천수답으로 전환할 일이다.

과수 농사도 하늘의 도움 없이는
풍작의 기대에서 점점 멀어진다.
올해 초 개화기에 우박피해의 과수 농은
50% 이상의 피해로 손익계산이 어렵다.

농부는 농사철이 되면 하늘의 도움
빌고 또 기도하지만 성장기 순조로운 날씨
매년 찾아오지 않아 농심은 멍들고 지친다.

아, 그렇다. 농사는 시작부터
간절한 기도에서 출발하는 업業이다.

* 시설농업(施設農業) : 유리온실이나 비닐하우스에서 재배 환경을 조절하며 생산하는 농업.

무화과의 신비

무화과는 꽃이 없어 무화과라 하는데
사실은 사람이 먹는 속살이 꽃이라네
당도가 높아 인기가 높은 편이다.

열매껍질은 꽃받침으로 붉은 속살을
감싸고 있어 벌 · 나비가 쉽게 꽃 속으로
못내 접근하기가 어렵다.

첫 열매는 잎이 나오기 전에 돋아 나와 자라고
새순이 자라면 새 줄기와 잎자루 사이
쌀알 크기로 돋아나 두 번째 열매가 달린다.

두 번째 달리는 열매는 새순에서 연이어
나오는데 먼저 나온 첫 번째 열매보다
많은 수량 시차를 두고 수확할 수 있다.

늦가을에 강전지强剪枝 해도 수확량은
변화가 없으므로 관리에 적합한 높이까지
전지하는 것이 좋은데 혈압강하, 관절통,
치질, 변비 치료의 효험效驗이 있어서
모서리 땅에 심어두면 가족 건강에 이바지한다.

* 강전지(强剪枝) : 가지치기할 때 가지를 많이 잘라내는 일.

베트남의 바랭이풀

바랭이풀은 밭농사의 난적亂賊
뽑아도 뽑아도 계속 싹을 피워낸다.

잡풀 중에서 성장 속도가 가장 빠르고
가지가 여러 갈래로 뻗어나 1m 이상 자라기에
제때 뽑지 않으면 밭농사 망친다.

처음 싹이 나서 자라는 모습 부드럽고
촉감이 좋아 초식동물에게 인기 있는 풀이다.

베트남 호치민의 묘소 앞 만여 평 넓은 광장
너무 푸르고 아름다워 다가가서 자세히 살펴보니
놀랍게도 우리나라의 바랭이풀이다.

관리 차원에서 기계로 잔디 깎는 정형 작업을
수시로 한다는 가이드의 설명이다.
차량이 지나가면 부드러운 잎 짓뭉개지므로
차량 진입이 금지된 지역이다.

비록 한국에서 바랭이풀은 푸대접이지만
이곳 베트남에서는 귀한 대접이다.

괌 여행

서태평양 마리아나제도 최남단에, 1944년 이후
미국의 준주로 실효 지배지. 제주도의 1/3 크기로
인구는 17만 명. 아주 작은 섬이지만
한국인의 여름 휴가지로 최고의 장소다.

영어 못하여도 의사소통에 문제가 없는 섬,
시내 음식점은 두 집 건너 한 집은
한국인이 운영하므로 주문에 문제는 없다.
양식이 싫으면 한식집이 곳곳에
라면을 먹고 싶으면 지척에 라면집이 있다.

어린이와 동행하면 스노클링snorkeling이라는
물놀이장도 있고 배 타고 조금 멀리 나가
안전요원 도움에 따라 서태평양의 에메랄드
바닷물에서 물놀이도 소중한 체험이다.

작은 섬이지만 쇼핑 시설은 국제 수준이다.
세계 유명 상품 저렴한 가격에 구매할 수 있는
쇼핑 상가와 편의 시설이 가까운 곳에 즐비하다.

교통은 시내버스가 10분 간격의 운행으로
섬의 일주에 틈틈이 편하게 이용할 수 있고
작은 섬에서도 세계를 공유할 쾌적한 여행지네.

* 스노클링(snorkeling) : 물안경, 숨대롱, 오리발을 착용하여 물 속에서 즐기는 레저 활동.

광개토대왕비

중국 지린성 지안시集安市
광개토대왕의 아들인 장수왕이 세운
높이 6.4m 응회암의 광개토대왕비가 있다.

비문 곳곳 사라져 없어진 곳에 일본인이 석회를 발라
내용을 수정한 흔적이 있는데 한반도 남부
지역을 일본이 통치했다는 비문으로 변조한 것은,
임나일본부설의 근거로 삼기 위한 책략이다.

왜구의 공략을 고구려의 도움으로 격퇴한 사실을
교묘히 수정하여 신라, 백제, 가야를 통치했다는
내용의 기록으로 역사의 흐름을 바꾸겠다는 흉계다.

좁은 섬에서 대륙 넘보는 습성은 4세기 후반부터
음흉한 싹이 솟아올라 오늘까지 이어지는 조짐,
독도를 일본 다케시마 현에 속한다는 일본의 주장은
신라 영토로 표기表記된 일본 고지도를 무시하는 행위다.

중국도 이와 비슷한 양상이다.
동북공정으로 고구려와 발해의 흔적 지우기 위해
광개토대왕비 근처에는 내국인의 출입 통제하고

사진 촬영을 금하는 속셈은

일본과 그 맥을 같이하는 일면이다.

* 임나일본부설(任那日本府說) : 일본의 야마토 정권이 4세기 후반에 한반도 남부 지역에 진출하여 백제, 신라, 가야를 지배하고, 특히 가야에 일본부를 설치하여 백제, 신라, 가야를 지배하고, 특히 가야는 6세기 중엽까지 직접 지배하였다는 주장..

* 동북공정(東北工程) : 중국 내에서 전개된 모든 역사를 중국의 역사로 만들기 위해 2002년부터 중국이 추진하고 있는 국가적 연구 사업. 동북쪽의 변경 지역인 만주 지방의 역사, 지리, 민족 문제 등을 연구한다. 특히 고구려, 발해의 역사를 자국의 역사에 흡수 편입이 목적으로 조선족의 독립을 우려하여 예민한 고대사를 수정 또는 말살(抹殺)하는 것이 주목적으로 추정된다.

늙음의 탈출구

늙어 가는 것은
지난날을 회상하며 살아가는 것이
단조롭고 건조한 삶으로 보이기도 한다.

매일의 기억은 과거의 경험이 지침서이기에
또 그렇게 길잡이로 자리 잡고
미래의 목표는 현실에서 의미가 줄어
지난 세월의 잘못을 끝내 반면교사로 삼아
두 번의 과실 없도록 삶의 방향 바로 잡는다.

기억은 점점 얇아져 친구 이름 가물가물
글쓰기에 적절한 쉬운 단어도 가끔은 깜빡
그렇지만 하루가 가기 전 이름과 단어도
복원되어 또다시 입력하기 반복이다.

복원된 이름과 단어 메모장에 크게 기록하여
수시로 살펴보고 기억하기를 반복하며
머릿속의 재정비를 습관화했는데,
주위 사람이 수군거린다.
어쩜 그런 사실까지 그렇게 기억 가능한지
기이해 나만의 비결을 묻기도 한다.

지난날의 기억 모두 지워지고
나아가 주위 사람의 얼굴과 이름까지
생소하면 그때는 새삼 삶의 지혜로
잊힌 기억 살려 내는 것도 노화 예방법이다.

8촌 형의 회상

끝내 가고 싶지 않은 그 길,
누구나 일생에 한 번은 가야 하지만
맑은 의식으로는 내키지 않는 길이다.

신체기능은 대부분 사라지고
눈동자는 물론 언어능력, 청력 기능까지
사라져서 아무것도 없는 공허空虛다.

뇌의 기능 일부 살아 있지만, 희미한 자막으로
보이는 가족에게 아무런 표현도 할 수 없는
정지상태停止狀態라 비장감이다.

아, 솜이불같이 포근하고 편안한 길
한 번도 체험하지 못한 평화롭고
한순간 천상의 모습 끝없이 펼쳐지는 꽃길,
수평선 멀리 가족의 정겨운 음성에도
못내 사라지는 절대고독이다.

한 번도 가서 본 일 없는 그 길,
임종 체험한 8촌 형의 얘기 떠올리며
그때의 상황 원근 조망법으로 그려본다.

나무그늘

잔디밭 좌측에 심은 느티나무,
8년이 지난 지금은 잎이 무성하여
두터운 그늘, 한낮 무더위 밀어내는
정겹고 고마운 휴식처

가지가 겹겹이 뻗어 나와
이중 삼중으로 햇볕을 차단하여
실내 에어컨 바람과의 비교를
거부하는 시원함의 잇닿음이다.

간혹 더운 바람이 밀려오지만
연이어 잎새 그늘의 그 시원함이
얼굴과 전신으로 스며든다.

여러 생각으로 잠시 헝클어진 마음도
느티나무 그늘이 말끔히 씻어주어
머릿속도 시력도 맑아지는 느낌이다.

고향마을 수맥水脈을 찾고

고향마을 전원주택에 낯선 사람 많아져
골목에서 만나면 이방인 취급으로
또 그렇게 눈인사도 멋쩍다.

외지인의 유입으로 공동우물 식수 부족하여
공적자금으로 상수원 개발이 계획되었으나
적지를 찾지 못해 고민하는 주민들이다.

셋째 형의 시추 위치선정 요청에 고향 가는 날
Y자 왕버들 가지 꺾어 두라고 부탁했다.
어느 신부 가르침의 지하수 탐사방법으로
마을 곳곳 탐사한 뒤, 적지는 마을 뒤 고지대
모두가 약속처럼 고개를 좌우로 흔들고
높은 곳 지하수가 없다는 주민의 중론이다.

형은 동생이 선정한 위치 확실하다고
주민을 설득하고 지하수 업체 장비를 투입하여
롯드(Rod)를 연결했으나 지하수는 나오지 않는다.

형은 난감한 상황에서 동생의 기술력 확신했기에
10m만 더 굴착掘鑿하자고 시추 업자에게 주문했고
추가로 5m 지점 굴착에 물보라는 하늘로 솟구쳤다.
일순 마을 주민 모두의 환호성이 요란하였고
토출량吐出量은 1000톤/일. 토착 주민과 외지에서
전입한 주민이 그렇게 한 우물 먹는 가족이 되었네.

꼬맹이 꽃

눈에 쉽게 들어오는 그 꽃
누구나 바라볼 수 있는 큰 꽃은,
끝내 눈길 이끌리어 발걸음 멈추게 하고

돌아보고 다시 찾아
냄새 맡고 또 미소 짓고
기억 속 채워 넣어 긴 세월 간직할 듯
배경에 얼굴 밀어 촬영하기 바쁜 일상이다.

풀 속에 홀로 핀 꼬맹이 꽃
자세히 바라보면 큰 꽃보다 훨씬 예쁘다.
앙증맞은 예쁜 모습 마음속에 담기지만
너무 작아 뭇사람 눈에서 멀어져
홀로 피어나 짧은 생애 마감한 애틋함

꼬맹이 꽃이 말하는 듯
"풀 속에 숨어 있어 찾아주는 이 없지만
조상이 물려준 유전인자 못내 보존하여
짧은 생애 한 번이라도 누군가 찾아오면
큰 축복으로 생각하며 내년을 기약하리라."

새털구름

어제는 선이 뚜렷한 뭉게구름이 푸른 산 위에
예쁜 그림 그렸는데,
오늘은 높고 푸른 하늘을 배경으로
새털구름이 덮여 있다.

구름 경계 사라지고 희뿌옇게 퍼져
땡볕 사라져 더위는 저만치 물러선다.
동네 어르신의 말씀에 새털구름 전개되면
수일 내에 비가 온다는 전조前兆란다.

목마른 대지가 바삭바삭 타들어 가고
밭작물 잎새가 고개 떨군 지가 수일째
새털구름의 전조前兆에 희망 하나 걸어 본다.

느티나무

장미목 느릅나무과에 속하는 낙엽활엽수
자라는 수형이 사방으로 둥글고 고르게 자라
마을 수호신 당산목으로 명성을 얻는다.

가지가 많아 그늘이 두텁고 시원해서
시골 마을 여름철 휴게소로 인기가 높다.

천 년 이상 살 수 있는 느티나무는 충청북도
경상남북도 도목道木으로 지정되고
서울대학 교목校木으로도 지정된 나무다.

소나무, 은행나무처럼 지구상에서 가장
오랜 세월 대를 이어 살아가는 나무의 화석

삼복더위에도 가지 끝에 새순이 자라나는데
초봄에 피어난 잎은 진 푸른색으로 자리 잡고
새로 피어난 잎은 늦여름까지 연초록으로 피어올라
생동감도 넘쳐나는 정겨운 교목喬木이다.

한여름 느티나무 그늘은 어떤 나무보다 시원하고
포근하며 머리를 맑게 하고 안정감을 안겨준다.

오늘도 느티나무 아래에서 좌선坐禪하는 자세로
참선參禪하며 득도得道의 길 다가간다.

보릿고개가 그리웠다

1963년 계묘년癸卯年 장마는 시작되고
장마 기간 잠시 햇빛이 나오기도 하는데
장시간 햇빛 구경이 어려운 긴 장마

장마로 보리 수확시기는 지나가는데
누렇게 익은 보리가 장마비에 수확이 어려워

덜 익은 보리는 선 채로 검게 썩어서 뭉개지고
다 익은 보리는 새싹이 돋아나 푸른색으로
바뀌니 농심은 애가 탄다.

싹이 돋아난 보리 이삭을 잘라서 웃방, 건너방,
아랫방, 마루에 펼쳐 널어 말린다.
곰팡이가 걱정되어 방마다 군불을 넣어 건조를 돕는다.

보릿고개 고통보다 더 절망적이다.
건조된 보리는 손발로 비벼서 껍질을 벗기고 알갱이는
맷돌에 갈아 온 가족이 매일 죽을 쑤어 먹는다.

처음 3~4일은 설사로 고통이 따랐지만, 보리죽이 유일한
호구지책. 시간이 흐르니 내성이 생겨 배탈도 사라졌지만
차라리 보릿고개가 더 그리워지는 시절이다.

자신을 사랑한 적 있는가?

여론에 편승해 쉽게 흥분하고
지인의 어긋난 행동에 분개하며
혼자서 가슴앓이 이어가는 나날에
못내 마음은 편히 쉴 틈이 없다.

자신이 최고의 판관判官이 아님을 알면서
매사 동참해 마음의 휴식 빼앗기에
육체는 연일 점점 지쳐가고

지친 육신 편히 쉬도록 자신을 사랑하는
자세가 한층 필요한 시점이다.
즉답卽答보다 오랜 시간 숙성한 후에
조금은 또 그렇게 해도 늦지 않을 것이다.

편안한 마음은 건강 안내하는 길잡이
두 손바닥으로 얼굴 감싸 쥐고 자신에게
"사랑한다"라고 마음속으로 외쳐도 좋을 듯
자신을 사랑하면 건강한 삶 보일 것이다.

꽃 중의 꽃

연꽃은 깨끗하지 못한 고인 물에서
뿌리로 번식하는데 특히 큰 꽃 아름다워
꽃 중의 꽃임에 맞물림이다.

부처님의 탄생을 축하하는 꽃,
불상이나 스님이 기거하는 요사채에
연꽃 그림의 장식은 이채롭다.

꽃의 크기도 크지만, 예쁜 꽃 마음가짐에
새롭게 하는 엄숙함도 가득하다.
하얀, 연분홍, 빨간색 등 여러 색깔 있으나
연분홍 꽃 그중에도 압권壓卷이다.

연분홍 꽃 꽃밥 속 깊어질수록
순백색으로 바뀌는 형상 신비롭고
끝내 순수함 속으로 전신이 빨려 든다.

속세에 물들지 않는 군자의 상징,
지智와 덕德을 겸비한
놀라운 미모美貌의 여인상이다.

큰 잎새 깔때기같이 우주의 정기 흡수해
속세의 추문醜聞과 타락상墮落相을
빗방울에 싸서 또르르 굴려 아래 보내는
하늘이 보낸 꽃 중의 꽃 바로 연화蓮花다.

혹서酷暑

밤사이 뒤척이고 깊은 잠 설친 후
아침이 되니 몸이 피로감에 천근이고
여름밤 숙면은 옛 얘기 같은 아득함에,

간혹 냉방기를 켜고 잠이 들지만
꿈속인 듯 추워서 잠 깨기를 수차례
옛 시절 대청마루 사각 모기장 속 자연 바람,
냉방기 찬 바람보다 새록새록 못내 그립다.

잠 설치는 밤보다 한낮은 더 힘들어
뙤약볕 아래 걸어가는 상상에도 숨 멎을 듯
동행인의 권자는 제의 과감히 거부하는데
양산 펼치고 길어가는 남자 형상도 간혹 보인다.

무더위에 체면보다 편익便益이 우선하는
시대로 바뀌는 세상인가?
외출 시 모자만 눌러쓰니 이마는 하얗고
양쪽 뺨은 검게 타버려 외모의 조화가
등급 이하라는 지인의 평가에 겸허한 수긍이다.

모처럼 길일吉日을 잡아 백화점에서
남자용 양산을 구해야 할 정황이다.

제비꽃

이른 봄 잔디밭에 하얀색으로 피는 꽃
꽃말이 '순진한 사랑'인 제비꽃은
저토록 긴 꽃대에서 꽃망울이 올라와
예쁘고 앙증맞은 꽃을 피운다.

그리스 신화의 양치기 소년 "아티스"가
아름다운 소녀 "이아"의 진실한 사랑 고백을
무시하자 "이아"가 끝내 생을 마감하여
제비꽃이 되었다는 전설이다.

초봄에는 작고 예쁜 꽃으로 벌 · 나비 유혹하고
넓은 잔디밭에 순백색의 미모를 자랑했는데,
생명력이 너무 강해 삼복더위에 잔디밭 전체를
푸른 제비꽃 잎새가 덮어 버렸다.

멀리서 보면 키가 작아 잔디밭 가릴 정도 아녀도
막상 가까이 다가와서 보면 잡초로 보이는 아쉬움에
한발 물러서서 바라보면 푸른 잔디로 보인다.
내년 봄 그 예쁜 꽃을 기다리는 즐거움에
어느 순간 잡초 제거를 망설이는 마음의 변주變奏다.

이어도

제주특별자치도 서귀포시 마라리,
마라도에서 남서 방향으로 149㎞ 떨어져
중국 룽타오도에서 북동 방향 245㎞ 지점
일본 도리시마 서방으로 276㎞ 지점의 암초

평소에는 해수면 아래 4.6m 잠겨있고
거센 파도가 일면 간혹 암초의 실상 나타나
발견 당시에는 파랑도라 불렀다.

대한민국 배타적경제수역(EEZ)으로 지정되어
1980년대 공식 명칭을 이어도라 칭하였다.

1만 년 전 빙하기 이어도는 제주도에 잇닿았으나
해수면이 100m 이상 상승한 해수의 변형으로
한국의 대륙붕에 해당하는 암초로 자리매김하였다.

우리의 방공식별구역으로 지정하자
중국도 동일한 구역으로 지정해 상호 겹치게 되어
현재 중국은 국제적으로 분쟁지역이 아니라지만
그들의 과욕인 동북공정과 유사한 속내를
안타까운 현상으로 쉽게 읽을 수 있다.

필리핀과 베트남 인도네시아 해안까지 중국 해역이라
주장하는 중국의 계산은 못내 안타깝다.
인구 많고 해안선 길이에 비례해
해양 소유권도 확정돼야 한다는 속내 위선이다.

명나라 영락제 시대의 정화鄭和가 대함대 동원해
동남아 인도 아라비아 동아프리카까지 원정하여
가는 곳마다 무력으로 위협하여 조공을 약속받았지만
후예들이 그 시절의 환상을 재현하기 위한
기초 작업 수행 중인 정책은 가증스럽다.

허초희의 아름다운 시

조선 명종 18년(1563년)에 강릉에서 태어난
허난설헌 본명은 초희楚姬, 호는 난설헌
허초희보다 허난설헌으로 세상에 잘 알려진
동양 3국에 최초의 여류 시인이다.

남편 김성립의 방탕한 생활과 시부모와의 갈등
아들딸의 연이은 죽음, 그리고 연못 속의 초당의
감금 생활 등이 더 깊은 시의 세계에 빠져들게 하였고
자신의 내면세계를 아낌없이 표현한 비운의 시인이다.

27세 젊은 나이로 생을 마감한 소식 들은 허균許筠이
초당草堂에서 시작詩作의 유품을 모으고
누이의 시 암송한 기억을 되살려 비밀리 보관했다.

허균도 송사訟事의 연루로 공개적 활동이 어려운 중에
절친한 중국 사신 주지번朱之蕃에게 「蘭雪軒集」 간행을
어렵게 부탁하여 흔쾌히 승낙을 받아낸 결과로
오늘날 천재의 여류 시인으로 세상에 알려지게 되었다.

내면 의식을 빠짐없이 표현한 여류 시인 초희의
비장감 묻어있는 채련곡採蓮曲을 새삼 헤아리면,
그녀의 시 세계가 절절하게 저토록 살아나
문득 독자와 함께 그날의 심정이랄까?
타임머신(Time machine)의 시간여행이다.

채련곡(採蓮曲 : 연밥 따는 노래)
– 허난설헌(許蘭雪軒)

해맑은 가을 호수 옥처럼 파란데

(秋淨長湖碧玉流)

연꽃 우거진 곳에 모란 배 매어두고

(荷花深處繫蘭舟)

님을 만나 물 건너로 연밥을 던져 보았는데

(逢郎隔水投蓮子)

행여나 누가 보았을까 한나절 부끄러웠다.

(遙被人知半日羞)

* 필자의 현대적 해석

가을의 맑은 호수 옥같이 파랗고
연꽃과 키 큰 연잎이 가려진 곳에
혼자 타는 조그마한 배를 키 큰 연잎 사이로
숨어들어 지나가는 길손을 바라본다.

저 건너 길가에 술 취한 남편과 친구들이
비틀거리며 걸어가네.

그래도 남편 모습이 반가워 이쪽으로 눈길을
줄지 몰라 연밥을 그쪽으로 힘껏 던져 보았다.
역시 안타깝게도 보지 못하네.

연밥 던지는 모습을 다른 사람이 보지는 않았는지
집에 와서 반나절 동안 얼굴을 붉히며 부끄러워했네.

김유신 장군 증조부 구형왕仇衡王

가야국 10대 구형왕仇衡王은
가야국의 마지막 왕으로 세 아들과 함께
신라 법흥왕 19년(532년)에 항복하고
나라를 신라에 헌납하였다.

구형왕은 김유신 장군의 증조부로서
산청군 금서면 화계리 계곡에
구형왕 왕릉이 돌무덤으로 조성되어 있다.

경사진 언덕에 7단의 계단식 석단을
쌓아 올려 상부로 갈수록 좁아지고 정상은
타원형으로 마무리되어 외형外形은
피라미드와 매우 유사하게 보인다.

이 왕릉이 세상에 잘 알려지지 않았던 이유
필자는 조심스럽게 추측해 본다.

정치는 예민한 부분까지 예측하는 관례가 있듯
가야국 부흥 운동을 사전 차단하기 위한 정치적
판단일 것으로 짐작되는데, 지나친 억측일까?
1971년 사적 214호로 지정되어 관광 명소가 되었다.

배롱나무

온 산야가 녹색 천지인데 따가운 햇빛
푸른 잎새에 내려앉아 반짝반짝 빛나면서
여름 끝자락에, 광합성에 활력이 넘치고
주위 봄꽃 여름꽃 모두 다 피었다가 져 버렸다.

입추와 처서處暑 틈새로 한 해 마무리하듯
살찐 잎새만 바람에 일렁거려 조금은 아쉬운데,
길옆 언덕에 가로수 겸 줄지어 심은 배롱나무
커다란 꽃망울 다발로 주렁주렁 달려있다.

다발 아래쪽 꽃망울은 반쯤 열려 분홍색 자태를
자랑하고 끝자락 새 망울은 깨알같이 피어나고
꽃잎은 뻥튀기 넣고 튀겨 낸 팝콘과 닮은 꼴이다.
일정 간격으로 쪼글쪼글 꽃잎 바람결에 춤추는
모습도 한층 더 귀엽고 편안하다.

위아래 꽃망울이 모두 피기까지 100일이 소요되기에
본 이름 배롱나무를 백일홍이라고 일컫듯
꽃이 귀한 이 무렵에 예쁜 모습 오랜 시간 애태우는
배롱나무에게 드리고픈 감사다.

처서處暑

입추立秋와 백로白露 사이의
처서處暑는 이십사절기 중 열네 번째 절기다.

예년보다 뜨거운 여름으로 많은 사람이
극심한 더위에 힘겹게 보낸 혹독한 계절이
드디어 물러나는 한때가 지척咫尺이다.

높은 구름 사이 푸른 하늘 더 높은 것 보면
눈이 맑아지고 답답한 가슴이 열리는 듯
끝내는 마음도 시원한 시간대다.

저토록 온열 질환자 예년의 두 배 넘겼지만
벼농사는 무더울수록 생기를 얻는 듯
살찌고 검푸른 벼 잎새에 벼포기도 늘어나
벼 이삭 여기저기서 살포시 고개 내밀고

사람은 만물의 영장이지만 혹독한 자연 앞에서
제일 연약함을 체험한 안쓰러움에
더위 이겨내는 식물의 유전인자가 인간보다
한 수 위에 있음을 알려주듯 처서處暑 지나면
인간의 본모습 제자리 찾기 소망한다.

손주 사랑

손주가 태어나면 하나같이
귀엽고 놀랍고 예쁘다.
한 번도 경험하지 못한 큰 기쁨이
온몸으로 다가오는데

자식이 태어날 때는
삶을 새 희망으로 이끌어줄
보람으로 여겼고
아름다운 미래 상상하기도 했다.

생업에 쫓기는 바쁜 시간대
직장 생활과 사회생활로 쉴 틈 없어
정서적 안정이 어려운 상태였지만,
손주가 태어나 바라보는 느낌이 다르다.

현직에서 물러나 시간적 · 경제적으로
안정된 시기에 나의 분신을 재확인하는
고마움과 즐거움, 그리고 한껏 희열이다.

손주가 성장하고 행동하는 예쁜 모습과
말 배우는 표정 빠짐없이 눈에 들어오고,
왔다가 가고 나면 귀여운 손주 생각에
다시 오기 손꼽아 기다리는 할비 할미다.

뭉게구름

처서處暑가 지난 지 5일째
아직도 낮 더위는 찜통인데도
높은 산 뒤로 큰 목화송이
놀랍게도 뭉게뭉게 피어오른다.

더운 열기 속에 간혹 한 번씩
냉기 품은 바람이 얼굴 스치고
조금 있으면 다시 찾아오는 냉기
한순간이나 상쾌함은 오래 남아있다.

솜사탕 같은 새하얀 구름이 이동하니
산 능선 곳곳 움직이는 그늘 이동시켜
이쪽으로 다가와 뜨거운 열기 식혀주어
나무숲의 그늘보다 못내 시원하다.

생기가 살아나니 마음도 눈도
혼미昏迷한 머릿속도 맑아진다.
인내의 한계 시험에 들게 한 찜통더위
그 기세 사라지니 짐짓 가을 문턱에
또 시간은 구름처럼 흘러왔나 보다.

벌 개미취

국화과에 속하는 벌 개미취
꽃말은 "너를 잊지 않으리",
꽃은 늦여름에서 초가을에
연한 보라색으로 피어난다.

우리나라가 원산지이기에
"고려 쑥부쟁이"라고 일컬어지고
지금은 "벌 개미취"로 알려져 있다.

진보라색에 부드럽고 편안하여
종종 초봄에 피는 데이지꽃과는
그 크기가 매우 엇비슷한 모양새다.

이른 봄에 채취한 새싹은 독특한 향기에
부드럽고 신선한 맛을 제공하면서
간 기능 회복, 면역력 향상, 고혈압 관리 등에
효험이 있어 고맙고 귀중한 식물이다.

코스모스와 함께 가을을 가을답게 장식하고
순수함을 대변하는 우리 꽃이
또 저렇게 우리의 지척에 있네.

의기義妓 주논개朱論介

2차 진주성 전투에서 승리한 왜장 케야무라는
남강 변에서 승전 축하연을 열었는데,
논개는 남편 최경희의 복수 결심하고 준비한다.

기생으로 위장한 미모의 논개는 가락지 10개를
끼고 있었는데 왜장의 부름에 술 시중을 들고
왜장이 만취한 시점 두 손으로 케야무라 껴안아
남강으로 빠르게 밀고 들어가 끝내 왜장을 죽이고
장렬한 최후로 순국殉國을 자처했다.

그녀의 남편은 장수 현감과 경상우도
병마절도사로 진주성 전투에서 전사했는데,
지아비 죽인 왜장을 수장시키기 위해
절치부심切齒腐心 뒤 고뇌의 밤 지새웠다.

진주성 참전 병사와 장수군에서 찾아온 주민이
논개의 시신 수습해 고향인 장수로 이동 중
시신이 심하게 부패하여 더 이상 옮김이 불가해
함양군 서상면 금당리에 안치시켜 그 나름으로
의암신안주씨지묘義巖新安朱氏之墓를 세상에 알렸네.

* 촉석루 아래 1평 정도의 평편한 바위로 마치 섬으로 보이는데 언덕 바위에서 35cm가량 길게 갈라진 틈새로 남강 물이 빠르게 흐르고 있다. 이 평편한 돌을 의암(義巖)라고 명명(命名)되어 오늘에 이르는데 후세인들이 찾아와서 경건한 마음으로 추모한다.

이백李白의 서정시抒情詩

당나라 현종 때 시인으로 두보杜甫와 함께
이두二頭로 세상에 널리 알려져 있는데
이백은 시선詩仙, 두보를 시성詩聖의 극존칭이다.

이백 모친은 태몽에 태백성을 보았다 하여
자字를 태백太白이라 지었는데,
당 현종의 부름을 받아 정계에 입문했으나
궁중의 타락과 부정부패에 물든 소인배의 행동과
궁중 생활에 담백한 품격의 소유자라 적응이 어려워
정계를 떠나 세상을 유유자적 유랑하게 되었고
이때 12살 아래 두보를 만나 절친한 사귐을 나눴다.

이백의 시작詩作 중 망여산폭포望廬山瀑布의
장엄한 폭포의 위용을 보고 호방豪放한 기개가
넘치고 자연에 동화되는 이백의 성품이 담겨
시편은 신선한 충격과 감동을 새롭게 일깨운다.

* 모처럼 이백의 시를 독자 공유하고 싶은 충동에서 이 시를 옮겨 싣는다.

망여산폭포(望廬山瀑布)

李白(靑蓮居士)

日照香爐生紫煙(일조향로생자연)

해가 향로봉을 비추니 자색 안개 어리고

遙看瀑布掛前川(요간폭포괘전천)

멀리서 폭포를 바라보니 강을 걸어둔 듯

飛流直下三千尺(비류직하삼천척)

흐르는 물줄기 곧장 삼천 척을 날아 떨어지니

疑是銀河落九天(의시은하락구천)

높은 하늘에서 은하수가 떨어지는 모습이네.

* 「망여산폭포(望廬山瀑布)」는 이백의 시편 중 최고의 걸작(傑作)이다.

한 템포Tempo 늦게

젊은 시절에는 판단 속도가 빠르고
두뇌 회전이 빨라 여러 각도로 분석한
결과를 표출하기에 흠결欠缺이 적다.

세월 흘러 나이 먹어도 가끔은
젊은 시절로 착각해 빠른 결정으로 대처해
사고思考의 범위가 좁아진 사실 잊은 채
최초 결정으로 마무리 짓고 끝까지 고집한다.

잘못된 결정이지만 연장자의 위상 지키려고
타협 멀리하는 고집 센 노인으로 변하여
주위에서 점차 고립되어 가는 것도 모른다.

어떤 결정을 하기 전 상대의 의견 청취하고
최초 나의 결정 또한 정확한지를 분석하는
삶의 지혜로 매사에 '조금은 천천히'
응당 한 템포(Tempo) 느림의 미학으로
황혼의 인생길, 외고집의 굴레 벗어날 일이다.

축복祝福

억겁億劫의 장구한 세월 동안 어둠의 세계,
시간의 흐름도 멈춘 진공상태眞空狀態에서

사계절 뚜렷하고 햇빛 찬란한 예쁜 별 지구
이곳에서 생명을 얻은 그 고마움 잊은 채
긴 세월 동안 또 그렇게 살아왔네.

조상님의 은덕恩德에 삶의 지혜를 받아서
안락하고 편안한 삶을 이어가고,
날개 없이 하늘 날아올라 아름다운 세계를
단시간에 바라볼 수 있는 문명 세계다.

수천km 저쪽까지 문자로 마음 전할 수 있는
놀라운 문명의 이기利器에,
부모님의 은혜, 이웃 간의 유대, 가족 사랑을
표현할 수 있는 아름다운 감성感性은 신선하다.

아름다운 지구촌에서 살아가는 모든 생명체는
이곳이 축복이 넘쳐나는 최고의 낙원樂園임을
평소에 알고 있었을까? 정녕 모를 일이다.

대만여행 가이드의 눈물

1989년 동남아 여행 일정에 대만이 포함되어
가오슝에서 관광버스에 탑승하였다.

가이드는 대만인으로 여행 일정을 자세히
설명한 뒤 잠시 흐느끼는 듯한 표정으로
"대만을 찾아주신 한국 관광객 여러분! 반갑습니다.
제가 꼭 부탁드릴 말씀이 있습니다."

무거운 침묵 끝에 말없이 눈물을 흘린다.
"귀국하시면 노태우 대통령과 주위 분을 설득하여
우리 대만과의 단교를 말려 주십시오.
UN 안보리 상임 이사국에서 퇴출이 되고,
세계에서 가장 신뢰하는 대한민국마저 대만과
단교하면 우리는 어떻게 살아간단 말입니까?"

가이드의 얼굴은 한순간 눈물범벅이다.
아! 이렇게 절실하게 호소하는데 어쩌면 좋을지.
가슴이 먹먹해지고 마음속 연민憐憫도 우러난다.

귀국 후 방송을 들어보니 대만과의 단교는 피할 수 없는 시대적 현상임을 그 나름으로 인지하게 되었다.
대만 가이드의 눈물겨운 호소문은 지금까지 귓가에 살아 절박한 음성과 눈물은 망각할 수 없는 충격이다.

강릉의 극한 가뭄

전국적인 폭우로 일상이
무너지고 있는 시대 상황에서도
자연적으로 수자원이 풍부한
'천년 하슬라何瑟羅의 땅' 강릉江陵이
물 부족으로 고통받고 있는 실상이다.

설거지 용수도 부족하여 일회용
종이 팩 사용도 놀랍거니와
태백산맥의 동쪽 기슭에 있는 도시가
경포호의 풍부한 수자원은 해수와
담수가 합수된 상수원도 불가한 형국이다.

해결 방안은 경포천 상류에 지하댐 설치하여
지하수를 저장하는 활용 방법이다.

경포천 횡 방향 좌우 암반까지 좁게 파내어
콘크리트 댐(Dam)을 설치하는데 댐 정상頂上은
지표에서 1.5m 하부로 제한하는 것은
지표의 토지이용 효율성을 기하기 위함이다.

완공되면 댐 상류부 지하수 수위가 상승하면서
다량의 지하수를 이용할 수 있게 된다.
수자원이 풍부한 지역이 최악의 물 부족으로
고통받고 있다는 사실은 놀라운 아이러니다.

낮 달맞이꽃

3월 말에 폈던 낮 달맞이꽃,
지금은 9월 초순인데도 놀랍게
피었다가 지기를 수차례 반복이다.

연분홍 자태에 축대 전체가
무궁화꽃으로 착각할 정도로
하나같이 연분홍색 지천이다.

일반 달맞이꽃은 달 바라기 꽃
저녁에 피기 시작하여 뒷날 아침까지
피지만 낮 달맞이는 이와 반대로
낮에만 피기에 낮 달맞이라 일컫는다.

피고 지고 또 피어나고
200일 이상 연지곤지 바른
청순하고도 못내 예쁜 형상이다.

비 오면 꽃잎 접어 꽃밥을 보호하고
햇살 들면 고개 들어 수줍어
부끄러운 웃음으로 모두를 반기네.

가지 않는 길

가지 않는 길을 선택한 로버트 프로스트
자신이 가지 않으면 그 길은 곧 사라진다.
사람 다녀간 흔적이 많이 남아있다면
새로운 호기심도 줄어들 수 있는 탓이리라.

식물의 성장과 쇠락 과정을 한 눈으로 알 수 있고
새싹이 피어나는 예쁜 모습과 다른 식물과
더불어 살아가는 일상도 볼 수 있다.

인간관계도 그처럼 유사하여,
외롭고 쓸쓸한 모습에 왕따당하는 지인知人,
누군가 다가오기를 기다리지만 차가운 눈빛이다.

주위에서 마음 주지 않으면 무관심이다.
그렇다. 작은 관심만으로도 끌어안는
심적 충동감의 안쓰러움이다.

말하지 않아도 그대는 나를 알아본다.
나의 표정을 먼저 알아보기 때문이다.

* 로버트 프로스트(Robert Frost, 1874~1963) : 퓰리처상을 수상한 미국의 대표 시인으로 대표작은 「가지 않는 길」이다.

만보漫步의 가르침

수성못 벤치에 가끔 앉아 보면
도심의 고층빌딩과 숲속의 싱그러움,
물결에 햇살 반짝거림 한눈에 확인하고
인생의 황혼에 낮은 산자락 쉬엄쉬엄 오른다.

노거수老巨樹 왕버들과 낮달은
물속에서 유영遊泳하듯 잠겨있다.
물 위 도보용 나무 데크에서 바라본 작은 섬
자연을 호수에 옮겨 놓은 한 폭幅의 동양화다.

물속에도 바람이 일렁이는 듯
섬에서 자란 키 큰 나뭇가지와 무성한 잎새,
잘게 흔들리듯 눈부신 은빛 자막에
화려한 동영상이 펼쳐지는 전경全景이다.

단절 없는 감흥感興의 연속성 유지를 위해
만보漫步 선택하지만 빠르게 걷는 이들은
예쁜 경관에 넋이 빠진 나의 어깨에 부딪힌다.

천천히 걸으면 마음이 안정되고
생각의 깊이와 폭도 순수한 자연 닮아 가지만
빠른 걸음에 끝내는 조급한 마음의 모양새다.

느림의 고마움 아는 까닭에
일상의 번뇌도 자연 속 느림에서
그 삶의 합리적인 해법解法을 묻는다.

자귀나무 꽃

합환수合歡樹라 부르는 자귀나무는
작은 분홍색 꽃잎이 공작새 날개처럼
활짝 펼쳐져 있고 향기도 은은하게 풍긴다.

꽃의 만개로 미세하게 갈라진 분홍색 꽃잎
꽃잎 너무 아름답고 그 부드러운 자태에
얼굴에 스치고 싶은 충동이 절로다.

밤 되면 양 잎이 서로 오므라들었다가도
다음 날 아침에 활짝 펼쳐져 누군가
꽃을 두 손바닥 체온으로 감싸주고 싶고,
가슴에 품고 싶은 꽃이지만 키 큰 나무라
멀리서 바라보는 것으로도 만족이다.

가지에 달린 꽃망울 동시에 피어나면
자귀나무의 꽃말인 "환희"의 의미
한 번쯤 즐겨 체험하는 예쁜 꽃이다.

하얀 나비 바늘꽃

봄부터 가을까지 피는 하얀 나비 바늘꽃
꽃밥을 꽃잎의 아래로 내밀고
산들바람에 흔들리는 형태形態는
하얀 나비로 착각할 정도다.

긴 꽃밥 아래쪽을 향한 그곳에는
경이롭게도 꽃잎이 없다.
벌 · 나비의 오염된 발이 순백 꽃잎에
닿을까 하여 조심스런 날갯짓이다.

바람결에 하늘하늘 온몸으로 유혹하니
아침에 한결같이 떼 지어 모여들고,
먼저 핀 꽃 지기 전 새순 길게 키워 올려
수많은 꽃망울은 다음 순서 기다린다.

예쁜 자태로 끈질긴 생명력 자랑하며
삶의 지혜 깨닫는 그 본보기로 살고 있다.

살아있는 지구

대서양 중앙에 남북으로 길게 뻗은
해저海底에 자리한 그 산맥은 지진대로
북극에서 형성形成되어 아이슬란드를
통과한 후 일만 육천㎞ 떨어진 아프리카
남쪽까지 이채롭게도 쭉 이어져 있다.

지구의 열평형 유지를 위해 해양 지각은
남북으로 길게 갈라져 1년에 1~3㎝
이곳은 각각 동서 방향으로 이동하는데,
연속적인 화산 분출로 큰 산맥 형성해
히말라야보다 높은 산맥이 남북으로 이어져
사실상 지구가 자체의 생태를 위해서
계속 변화하고 있다는 현상은 못내 경이롭다.

오대양 해저에 해양판의 규모는 상이해도
일본 동쪽 해구에도 또 다른 해양판이
일본열도 밑으로 밀고 들어가는 마찰열로
지진과 화산이 발생하는 추이推移 놀랍다.

다행히 한반도는 큰 영향이 없다고 할지라도,
틈만 있으면 언제라도 발생의 가능성 남아
대체로 안전하다는 학자의 의견 미루어
대한민국은 복 받은 땅 확실할밖에.

* 대서양 중앙해령(大西洋中央海嶺 : Mid-Atlantic Ridge)
* 일본 동쪽 해양판은 섭입대(攝入帶 : 밀고 들어가는 곳)로 밀려 들어간다.

신神의 응답

한국전쟁으로 희생된 민간인 숫자는
무려 160~300만 명으로 추산된다.

유사 이래 외침 수백 번 당하고 총칼 든
점령군의 위협에 강제로 끌려가서
노역에 시달리다 타국에서 생을 마감한
인명의 정확한 숫자는 통계에 잡히지 않아
가족의 진술에 의존하는 것이 그 전부다.

남의 나라를 탐하기 위해 군사를 동원한
사례도 없고 한반도의 반만년 역사에
무모한 전쟁을 획책劃策한 통치자는 없다.

우리 민족은 비록 좁은 땅에서 생업에 종사하고
이웃과 화합하며 살아온 선량한 배달겨레인데
무슨 연유로 가혹한 시련 겪어야만 했는가?

신神이 정의롭다면 과연 어느 편인가?
어찌해 선악善惡을 못 본 체하는가?
아, 눈물겨운 이 같은 반문反問 뒤에
신의 계시啓示와 일깨움이 하늘에서 내려온다.
"악惡을 제압할 힘은 스스로 만들어야 한다."라고.

아, 그렇다. 세계에 또 하나의 신선한 충격을 안겨주는
'한류(K팝), K-9 자주포, 반도체, K-조선' 등으로
국력을 신장하고 끝내 '홍익인간弘益人間의 정신'으로
켜켜이 이 땅과 이 나라를 온전히 지켜내야 한다는 것을.

만추晩秋

긴 여름으로 늦게 찾아온 이 계절에
늦여름부터 이어진 더위와 긴 가을비
황금 들녘 바라보는 마음은 애가 탄다.

구름 한 점 없는 가을하늘 푸르고 높다.
청명한 날씨에 능선은 더 가까이 보이고
선명하고 장엄한 자태가 다가오는 듯하다.

푸른 산의 산정에 걸려 있는 낮달은
한층 더 새하얀 형상으로 미소 머금고
내일을 기약하듯 서산으로 기운다.

가을비에 헝클어진 벼 이삭은 빛난 햇살
황금색 복원을 위한 치장治粧에 분망하다.

초가을에 파종한 무와 배추도 추위 오기 전
투명한 햇빛 받아서 에너지 비축한 끝에
그대에게 영험靈驗한 지혜를 얻는다.

비에 젖은 가을

하늘이 높고 청명한 날씨 이어져
오곡이 황금물결로 익어가는 계절에
그 푸른 가을하늘은 외출 중인가?

절기상으로 온 산야가 주홍색으로 물들어
바라만 봐도 감흥에 젖어 들고
가슴속은 시상詩想을 노크하지만

젖은 가을은 아무런 기척이 없어
감정 샘泉 근심으로 넘쳐나
짧은 기간 황금색으로 물든 벼 이삭,
본래의 색상도 잦은 비에 퇴색되고
무게 중심 잡지 못해 이리저리 누워
생기 잃은 모습 못내 안타까워라.

오늘 아니면 내일이라도 쾌청한
가을 하늘이 불현듯이 찾아오기를
간절히 두 손 모아 기원한다.

광화문光化門

경복궁의 정문인 그 오랜 역사적 상징은
세종 8년(1426년) 집현전에서 광화문이라
이름 지어 오늘날까지 이어졌다.

북악산과 광화문 앞 넓은 광장에는
민족의 영웅 세종대왕과 이순신 장군의
동상이 세워져 바라만 봐도 존경스럽고
못내 자긍심이 솟아날 따름이다.

이렇게 성스러운 곳에 확성기 소리와
목청껏 외치는 다중의 구호 외침에
두 영웅님이 편히 쉬지도 못해 안타깝다.

후손으로서 도리 아님을 모르는지?
악을 쓰며 큰 소리로 구호에 열중하다가
다른 지역에서 구호 행사를 마치고
이곳에 합류한 군중의 위세에 힘을 얻은 듯
전신의 기를 모아 외치는 더 큰 절규絕叫다.

이제는 선진 국민의 위상을 바로 세울 때
상암 경기장이나 규모 큰 야구장에서
구호 행사하면 영웅님도 편히 휴식하며
겨레의 앞길 지혜롭게 선도하리라.

상사화

꽃과 잎이 서로 만나지 못하는 꽃은
꽃대만 길게 자라 꽃을 피워 내고,

꽃대는 임을 볼까 희망 안고
연지 곤지 색동옷 갈아입어
예쁜 꽃 피워 사방 둘러보지만
임은 어디에도 보이지 않는다.

혹시나 그 임이 멀리 있나?
외다리 잠꾸러기 홍학의 긴 다리 꽃대
바로 세워 밤새 주위 살피고 또
기다리다 못내 지쳐 버렸다.

기다림에 지친 꽃은
눈물 젖은 채로 시들어 사라지기 전
마지막 유언으로 뿌리에게 전하는 듯,
"나는 죄가 많아 잎을 못 보는 운명이니
그대는 왕성한 번식력으로 자손을 키워 내어
나의 소망 들어주게."
비장한 형상이다.

뿌리는 그 유언을 실행에 옮기듯
꽃대 밑 양파 같은 구근球根 다발 지어
자라는데 내년에는 임 보는 행운이
또 그렇게 찾아오면 얼마나 좋을까?

질서秩序의 혼돈混沌

옛 성현의 교시敎示 삶의 지침으로
새기며 다짐하던 일상은 간곳없어
질서의 혼돈 더없이 안타까워라.

사리사욕에 눈은 멀어지고
권위와 고성에 중심은 기울고,
한번 인연은 영원하고 타인 의견에
정당성 여부를 거부하는 현실이다.

국가 간의 질서도 혐오스러운
그 탐욕에 편승便乘 중이다.

힘 있는 나라의 특수 훈련 명분으로
이웃 나라를 수년째 폭격하고,
자국自國의 이익을 위해 명분도 없이
고관세로 우방友邦을 괴롭히고,

타국이 못 가진 광물鑛物을
위기 때마다 금수 조치하는 나라,
"이웃을 사랑하라"는 옛 성현의 말씀은
책 속에서 비웃으며 질책하는 현상이다.

화산탄火山彈

제주도의 화산 폭발 당시에
점성 높은 용암은 서서히 낮은 곳으로
굽이굽이 흘러내려 바다를 채우고

점성 낮은 용암은 하늘 높이 솟구치며
뱅글뱅글 돌면서 물이나 모래에 떨어져
특이한 모양으로 그렇게 발견된다.

등 굽은 박격포탄, 다리 없는 물오리, 독수리 꼬리,
하나같이 배부른 강아지를 닮아있고,
높은 하늘에서 낙하 당시 빠른 회전으로
표면은 공기 마찰에 돌출부 정리되어
반짝반짝 빛나면서도 매끈매끈 부드럽다.

무게중심 쏠려 있는 앞부분은 뭉툭하고
뒷부분은 갈라진 듯 퍼진 듯한 독수리 꼬리
닮아 날아오르기 위한 도움닫기 자세다.

50여 년 전 물찬 오름에서 건져 올린 화산탄 하나.
매일 바라보고 애지중지 가보로 등재된 보물이
오늘도 웃어주며 반가운 만남이다.

앞산 토굴암

빈 배낭에 플라스틱 생수병 2개 넣고
산릉선 타고 오르는데 못내 숨이 가쁘다.

옛적에 단숨에 올랐던 고산골 약수터
약수탕 도착하여 물 받아 잠시 쉬는데
젊은 사람 없고 노인네가 단신으로 올라오고,
"휴! 이제는 여기 오기도 힘드네."
같은 또래로 짐작되는 노인의 독백이다.

하산 길 나무 데크 계단이 이어져 단조롭지만
난간에 의지하여 조심조심 내려가니,
속도는 느리나 바위틈새 비좁고 거친 길보다
부드러운 감촉感觸 더없이 좋다.

피곤함을 조금 느낄 즈음에
토굴암의 염불 시작되어 낭랑하게 들리고
청아淸雅한 목소리가 힘 솟게 한다.

머릿속으로 청정에너지 불어넣어 환상적인
상쾌함이 온몸 감싸고 이 세상
모든 고뇌를 순식간에 씻어 주는데
토굴암 앞 지나니 염불이 끝난다.

나를 위해 깔아주는 레드카펫 같은
아주 특별한 시연試演일까 하여
한순간 스님께 합장배례合掌拜禮다.

거제도 몽돌해변

거친 파도 갯바위 부딪치는 엄청난 충격,
하얀 거품 쏟아내고 혼비백산 흩어져
잔물결로 힘 잃고 흘러가는 모습에
갯바위와 파도 두 쪽 모두 정신 잃은 듯

이웃한 몽돌해변에 거센 파도 몰려오면
자갈자갈 몽돌 데굴데굴 합창 소리 정겹고,
수만 개의 몽돌이 힘 모아 즐거운 듯 막아내
큰 파도에 밀려온 몽돌해변 따라 작은 둑 쌓아
긴 시간 못내 기다리는 낌새다.

힘센 파도 덮치면 논개 닮은 몽돌이
가벼운 몸 날려 파도에 함께 쓸려가고,
뒷 파도 거세게 다가오면 쓸려간 자갈이
파도 속에 모두가 파고들어 파도의 기세
꺾어 내는 지혜를 자랑한다.

고운 품성에 단정한 외형으로
파도에 쓸려온 자갈. 햇살에 빛나고
둥글고 부드러운 피부 모두가 시샘한다.

작은 파도에도 짐짓 종알거림에
자갈자갈 조잘조잘 또 몽돌이다.

돌담 위 정을 담아

아궁이에 솔가지 꺾어 넣고 불을 지펴
저녁의 하얀 연기 모락모락 피어오르던
그 시절의 고향마을은 못내 정겹다.

돌담 넘어 큰 어머님의 외침이 들리고
"남덕아! 게 누구 있니? 자 받아라."
뜨거운 추어탕 한 냄비의 맛스러움에
따뜻한 김이 옆으로 새어 나온다.

수일 후 돌담 그 자리 모친의 외침이다.
"대원아! 게 누구 있니? 자 받아라."
삶은 고구마 한 소쿠리 가득 따끈한
껍질 벗겨진 그 샛노란 밤고구마다.

따뜻한 정과 사랑이 넘쳤던 그 세월 가고
큰댁 큰 어머님과 어머님 천상天上에 오르고
긴 세월이 또 흘러 사촌 누님도, 형님도
모두 훌훌 아득한 하늘길로 떠나셨네.

세월은 실체 없어 볼 수 없지만 지난 과거
추억하며 그리움을 불러온다.

두 뿌리 한 나무

앞뜰에 심은 소나무 묘목 두 그루
심을 때는 간격 띄워 심었지만, 10년 세월에
가지끼리 맞닿아 흔들려 속살이 하얗다.

수세가 약한 나무 제거하기로 했지만
하룻밤 새 생각 달라져 두 그루 모두
살리기로 새삼 마음을 다잡는다.

서로 맞닿아 상처 난 두 가지 얇게 긁어낸 후
끈으로 묶어 두었는데 3년이 흐른 후 끈의 일부
껍질 속으로 파고들어 껍질이 서로 붙은 상태로
신기하게도 연리지連理枝로 하나 되었다.

손주 할머니는 칼, 가위, 손 집게로 실밥 뽑는
외과 의사 역을 담당했는데 의술醫術이
능란한 명의名醫의 수준이랄까?
파고든 실밥이 뽑혀 단정하고 말끔하다.

두 나무가 한 나무 되니 예전보다 더 싱싱한 자태
햇빛에 윤기마저 한층 더 생기롭다.
텃밭 가장자리에 3~4년생 어린 소나무 숲
손주들 오면 정원 속 체험장으로 활용하리라.

손주 맞이

손주 오는 날,
할비, 할미 생신 겸 어린이날에
식수 인원 11명의 대식구가 모였다.
아파트라 숙식하기에 협소하고
아래위 층간소음 또한 걱정이다.

마음껏 뛰고 구르기에는
청도 카라반 휴식처가 적격이라 판단해
아침부터 군불 때고 청소하며 손주 맞이다.

넓은 잔디밭은 뛰어놀아도 장해가 없고
간섭할 이웃 없으나, 잠자리 염려되어
이부자리 햇살 좋은 날 일광욕 시켜주고
몸에 맞는 베개는 집에서 운반했다.

큰손녀는 중2, 작은 손녀가 초등 6학년으로
할미 집에 오는 걸음 가벼워 보인다.
아래로 어린 꼬맹이 있지만,
언제까지 할비 할미에게 즐거움이 넘쳐
환호하며 찾아올지 다소 우려될 따름이다.

막상 지금은 아이들 바라보면
모든 삶의 고뇌, 한순간 맑아지고
생의 보람을 느껴 자주 찾아오기 소망한다.

황금 편백

여름에는 푸른 잎의 편백 나무
초겨울부터 노랗게 물들기 시작하여
영하의 날씨가 연일 이어지면
위에서 아래로 황금색의 변형變形,
한겨울 황금색 절정絕頂이다.

잎새를 자세히 관찰하면 새싹 트는 듯
부드럽고 생기 넘치는 형상形狀에,
위로 똑바로 자라는 유전인자로 정원에
낮은 자세의 성장을 위해 전지剪枝하면
야외 설치미술設置美術은 끝이다.

주위는 잎 없는 앙상한 나뭇가지에
잎은 갈색으로 바뀌어 삭막해도
홀로 황금색 자태 예쁜 모양새다.

교차로

뜻이 같아 한마음 소중한 인연
먼 길 동행할 것으로 여기며
긴 세월 이어 가는 모습

그 한마음이 중간에서 길이 갈라져
혼자 걸어가는 지인知人이 다수인데
참고 견디는 인내심에는 자신했는데
이제는 소진消盡된 상태인가?

지나온 길은 아늑한 외길의 꽃길
옆에서 하늘에서 꽃비가 쏟아지는
그 길 끝이 교차로였던가?

예쁜 꽃길이 교차로에서 사라졌네.
다시 꽃길을 걸으려면 뒤로 돌아가는 것이
최선의 선택임을 지인知人에게 알려야 할
바로 그 시점이다.

거울

이른 아침 몸이 찌뿌듯하고
평소와 다르고 명쾌하지 못하다.

동호인 모임이 내일이라 다행이지만
감기 몸살이 아니기를 바라는 마음이다.

둔탁한 몸을 깨우기 위해
가볍게 팔 운동을 하고 목 운동도
해 보지만 별다른 효험이 없다.

잠시 거울을 바라보는데
"아니! 아버지께서 어찌."
완전한 아버지 모습을 보고 깜짝 놀랐는데

천천히 생각해 보니
유전인자가 이제야 확인시켜 주는가?
나이 먹어 세월 흐르니 쇠잔衰殘한 모습에
순간적으로 아버지 모습이 보이는 것일까?

수십 년 전 외가 형님의 아들 결혼식장에
참석했는데 나이 많은 분이 옆에서 계속 주시한다.

"혹시 배고개에서 오셨나요?" "예 그렇습니다."
고숙(아버지)을 닮은 모습에 다가와 물었다고 하네.
외가 제일 큰 누님이다. 유전인자가 거울이네.

AI는 AI가 맞다

바야흐로 AI 시대가 왔다.
시인도 되고
애인도 되고
판사와 변호사도 되는 시대가 되었다.

자막에만 나오는 AI
보고 읽어야 소통할 수 있고
단둘만의 대화할 수 있고
완벽에 가까운 판단으로
상대를 매료시키기에
인류 최고의 친구가 되었다.

AI에 빠진 것이 있다.
애정과 슬픔을 표현하는
가슴과 눈동자는 어디에도 없다.

인간의 감성은
서투른 표현도
어색한 표정도
슬픈 표정도

얼굴과 눈 그리고 몸으로
알려주는 고차원의
살아 있는 자막인데…….

안나푸르나를 닮았네

밤새 눈이 내려 하얀 비슬산
아침 햇살에 빛나는 산 모습이
네팔의 안나푸르나를 연상하게 한다.

비슬산 산릉선 대견사지 동봉東峰 모습
필봉筆峰으로 산 정상이 뾰족하게
생겼는데 평소에는 그냥 지나쳤다.

오늘 아침 눈 쌓인 하얀 산이 햇볕을
받아 일부 황금색으로 반사되는 모습은
히말라야 10봉 안나푸르나를 옮겨 놓은 듯

거센 강풍에 황금 가루 구름같이 휘날리는 모습
해발 1,000m 정도의 눈 덮인 비슬산의
웅장雄壯한 자태를 보았네.

* 안나푸르나 1봉 : 네팔 중북부에 자리 잡은 히말라야산맥의 산 (8,091m).

왕감

삼천포항 서부 주차장 옆 아침 좌판 시장
할머니들의 외침이 이어진다.
"왕감 사이소! 왕감 사이소!"

왕감? 50년 전에 들었던 추억이 살아나고
듣는 것만으로도 정감이 넘친다.

오랜 객지 생활에 근래近來 들어보지 못한 왕감
대봉감을 이곳 삼천포에서는 왕감으로 통용되는
방언이지만 다시 들어 보니 의미가 더 정확한 듯

감 중에서 제일 크기에 왕王자를 붙여 왕감이라
명명命名한 지역민의 지혜가 담겨있어
구경하는 동안 계속 되새겨 본다.

호가呼價는 인건비에도 미치지 못하는 염가廉價에
구매자가 줄을 잇는다.

내륙 지방의 절반 가격에 팔고 있지만 할머니들의 표정은
싱글벙글 연속이다.

먼발치 뒤에서 또 듣는다.
"왕감 사이소! 왕감 사이소!"

태백산맥

장백산맥 뻗어내려 태백산맥 이루고
태백산맥 큰 줄기에 소백산맥 이어받아
한반도의 뼈대를 만든 큰 축이 되었다.

태백 소백의 물줄기 동서남으로 흘러내려
척박한 대지 옥토로 만들어 삶의 터전 자리 잡아
반만년 긴 세월 살아왔고

흘러가는 물길 따라 삶의 터전 다르고 억양도 다르지만
미풍양속 공유하고 난세를 극복하며 평화를 사랑하는
품성 좋은 민족으로 세상에 알려졌네.

이 좋은 땅에 길조吉兆가 보인다.
세계 기능 올림픽 19회 우승
한글의 세계화, K팝, K드라마, K푸드, K뷰티, K방산

특히 한글은 가로세로 종횡으로 기록 가능하고
아프리카 토인들의 언어를 들은 즉시 한글로
기록할 수 있는 소리글로써 외국어로는 불가능하고
모음 자음 낱글자 액자에 담아 넣어 감상하면
유명 화백의 그림보다 더 품격 있는 작품이다.

냉전 후 타국 방위산업 휴지기休止期를 보낼 때
K방산은 연구개발을 계속하여 미국을 비롯한 열강의
Love Call이 이어진다는 현실이 미래 예측의
길조吉兆에 해당하네.

대삼국지도

일본은 독도를 일본 땅이라고 주장하는데,
일본인 유학자이자 지리학자인 하야시 시헤이林子平
(1738~1793)가 제작한 대삼국지도(1802)에
조선 땅임을 노란색으로 분명하게 표시되어 있다.

이 지도는 일본에서 한국 민간단체가 발견했는데,
일본은 이 지도를 지금까지 일본 땅이라 주장한
일본 측 주장에 어색한 표정 관리 중이다.

대삼국지도 발견 이후에 개정판 지도에는
슬그머니 노란색을 지운 상태로 국내 홍보에
열을 올리는 가면假面을 쓰고 있다.

독도 근해에는 가스 부존 가능성이 높은 지역으로
미래를 위해서 국제 분쟁지역으로 세상에 알리는
것은 일본이 손해 볼 일이 없기 때문이다.

한반도 서쪽은 중국의 동북공정東北工程,
한반도 동쪽은 일본의 독도공정獨島工程,
한반도 좌우에서 두 나라가 밤낮으로 몽니를 드러내네.

겨울의 속삭임

겨울의 숨결이 다가와
하얀 눈꽃을 살며시 뿌려요.

나무들은 고요히 잠든 채
은빛 이불을 덮고 있네요.

차가운 바람이 속삭이면
따뜻한 불빛이 창가에 춤추고

마음은 녹아내려
포근한 눈길로 걸어가요.

겨울 그 차가움 속에
사랑이 피어나는 계절

밤하늘 모여든 우리
따뜻한 빵 한 조각 손에 들고
전교생의 웃음과 이야기
조용한 교실 가득 퍼지는 온기

함께 나누는 이 순간이
민사고 밤의 빛나는 기억.

* 민사고 : 강원도 횡성군에 있는 민족사관 고등학교로 무시험제, 무학년제, 무계열 선택형 교육과정을 이수함.

그리움

멀어질수록
더 선명해지는 얼굴
손끝이 닿지 못해도
마음은 계속 당신을 더듬는다.

밤마다
별빛은 기울어져
당신 있는 쪽으로 스민다.

시간이 필요하다.
조금의 온기와
조금의 기다림이
필요한 빵과 나

겉은 단단해도
속은 여전히 부드럽다.
누군가의 손길에
따뜻해지는 건
나도 빵도.

* 손녀(정예현)의 시 : 초등 6학년 재학 중 시작감성(詩作感性)이 배여 있는 시로 할아버지가 인정하였기에 감히 「겨울의 속삭임」과 함께 수록합니다.

제3시집 평설

언어적 전회轉回와 그 아득한 황홀恍惚
- 정대요 시인, 『삶의 향기, 순풍에 다가오고』

엄 창 섭(가톨릭관동대 명예교수, 월간『모던포엠』 주간)

1. 시적 교감과 서정성의 일상화

소소한 삶의 일상에서 시의 본말本末인 서정성의 차별화도 그렇지만 절제된 감성에 의한 자유로운 바람의 영혼에 기인起因된 시적 정조의 조화로움을 이채롭게 정제되고 극대화를 시킨 정신작업의 생산물은 이채롭다. 또 한편 견고한 고뇌 끝에 공식적으로 '우주항공 도시'인 경남 사천시 삼천포태생으로 한국농어촌공사의 공직생활을 명예롭게 끝낸 석청石淸 정대요 시인이 순결한 영혼의 상징인 흰 눈이 쌓인 단절의 계절에 줄기찬 일념一念으로 제3시집『삶의 향기, 순풍에 다가오고』(홍익출판사, 2026)의 간행에서 초-장르(beyond genre)적으로 다소 어설프나 곧 "시를 닮은 수필, 수필 닮은 시"는 미셸 푸코(Michel Foucault)의『담론의 질서』에 잇닿아 '단순한 기호가 사회적 실천의 의미'로 해명되는 서정성의 불감증이다.

이처럼 그 자신의 소박한 삶의 편린片鱗에서 언어의 분별력에

관해 주의 집중하며 열정적으로 정신작업에 종사한다는 것은 결코 쉬운 일이 아니다. 까닭에 새로운 시적 지평을 열어 보일 시집의 평설에서 밝히고 넘어가야 할 분명한 확증은 평자 그 나름의 믿음이랄까? 화자話者가 겪어온 세월의 연륜만큼이나 희수喜壽를 코앞에 둔 시간대에 고심한 흔적이 역력한 「꽃자루가 긴 꽃」을 포함한 76편의 편집 구도는 결結 곱게 직조되어 여백의 틈새를 허락하지 않는다. 일단 시집의 「자서自序」에서 "지금과 같은 분위기가 지속持續이 되면 5집 그 이상도 쓸 수 있다는 자존감自存感에 가끔 나만의 즐거움에 젖어보기도 한다. 지인들의 담백한 지지가 역동성이 되고 그 지지에 용기 또한 확신確信케 되었다. 시상詩想이 머릿속에 가득 채워지는 한 시작노력詩作努力이 끝나지 않음을 다짐한다.(다시 쓰는 회고록)"의 자술自述처럼 시적 형상화에서 집념執念은 더없이 지극하다.

그 같은 일면에서 그 자신이 '산들바람에 하늘하늘 고개 돌려 춤추'는 정황에서도 지상의 꽃을 시적 질료로 삼아 "햇살 받은 꽃잎 하얀 자막에/ 노랑 꽃밥 한낮에도 영롱玲瓏히 빛나고/ 만개한 꽃잎 주위로 꿀벌의 날갯짓 소리/ 벌집의 그 윙윙 소리 요란하다.(꽃자루가 긴 꽃)"의 일면은 '순차적으로 피어나고 향기는 강한' 특정한 나무에 신선을 돌려 "꽃 모양과 색이 천리향瑞香과 비슷하나/ 꽃대가 길어 산들바람에 흔들리는 모양새는/ 단체로 장단 맞춰 춤을 추는 듯 환상幻想이다.(위실蝟實 나무)"에서 이 같은 시적 관심사는 독자와의 감응을 자극하기에 결코 부족함이 없다.

특히 그 자신의 시집에서 빈도수 높게 각별한 관심과 애정으로 수용한 시편인 「손녀의 그림」이나 「손자의 용기」를 포함해 "손주가 태어나면 하나 같이/ 귀엽고 놀랍고 예쁘다./ 한 번도 경험하지 못한 큰 기쁨이/ 온몸으로 다가오는데,// 자식이 태어날 때는/ 삶을 새 희망으로 이끌어줄/ 보람으로 여겼고/ 아름다운 미래 상상하기도 했다(손주 사랑)"의 보기도 그렇거니와 '존재의 뿌리인 가정'을 기본 틀로 비중 있게 다룬 "큰손녀는 중2, 작은 손녀가 초등 6학년으로/ 할미집에 오는 걸음 가벼워 보이는 형상이다./ 아래로 어린 꼬맹이 있지만,/ 언제까지 할비 할미에게 즐거움이 넘쳐/ 환호하며 찾아올지 다소 우려될 따름이다.(손주 맞이)"에서 자녀를 둔 동시대 부모의 처지라면 결코 외면하고 가볍게 지나칠 수 없는 인지상정人之常情이다.

이처럼 정대요 시인의 어린 손주에 관한 각별한 관심사가 조화롭게 채색彩色된 메르헨(Märchen)적인 시편의 양상樣相에서, 충직한 한 사람의 독자로서 마치 한 폭의 풍경화를 감상하는 정감과 느꺼움에 새삼 빠져들 것이다. 까닭에 19세기 영국의 극작가이자 단편 소설가인 오스카 와일드(Oscar Wills Wilde)의 작품인 「거인의 정원」이 클로즈업되어 '지극히 이기적인 욕심쟁이 거인이 그의 정원에서 천진하고 꿈많은 동심의 아이들을 내쫓았으나 뒷날 세월이 흐른 뒤 이기적인 행동을 뉘우치게 되고, 끝내 찢긴 상처와 두 손의 못 자국 상흔傷痕이 선명한 어린 그리스도의 상징인 소년을 통해서 천국으로 인도되는 미감'에 한껏 취하고 전이轉移될 것이다.

2. 삶의 일상성과 시 의식의 상황인식

모름지기 감정의 절제에서 비롯된 "상처받은 영혼을 치유하는 기도"로 해명되는 그 자신의 시 정신은, 푸른 생명의 언어로 직조된 전율 같은 가슴 떨림과 맞물려 있어 그만이 체득한 미적 주권의 순수서정성이 한층 눈부시다. 오랜 날 그 자신이 삶의 일상에서 느끼고 발화시킨 "우리는 존재 자체로서 빛나는/ 위대한 인간을 지향해야 하리/ 생명은 존재하는 자체로서 신이니까(본질에 앞선 실존)"와 같이 내면의식을 이미지로 형상화하였듯 장폴 사르트르(Jean-Paul Charles Aymard Sartre)의 "실존은 본질에 선행한다."라는 그 유명한 명제나 「실존의 존재론」을 차용借用하지 않아도 실존주의는 '주체의 철학이고, 자유의 철학인 동시에, 그의 실존은 우연성이고 또 무상성無償性임'에 틀림이 없다.

까닭에 신선한 기대감을 안겨줄 여행의 가슴 떨림은 가끔 지상의 일에 국한되지 아니하고 열린 우주로 날아올라 하늘과 별의 세계로 그 의미망은 지대한 관심은 이채롭게 확장된다. 모처럼 그 자신의 시편인 '잡풀도 소중한 창조주의 생명인데, 그냥 뽑아서 아무 생각 없이 버린다.'에서 '잡풀도 소중한 창조주의 생명인데, 그냥 뽑아서 아무 생각 없이 버린다.'라는 「살아있는 지구」나 「지구와 닮은 별」도 그렇거니와 짐짓 예시의 일면에서, 일출과 일몰 시에는 대기 중 먼 거리를 지나기에 산란이 적은 주홍과 빨간색으로 전이轉移되는 자의식"을 헤아릴 바다.

사람의 눈은 보라색보다 푸른색 감지하는 능력이/
더 민감하므로 보라색보다는 또 푸른색 강하게/
인지할 수 있다는 과학자 간의 이론이다.//
"문제는 우주에서 바라본 지구의 색도 푸른색인데/ 이는
지구 대기권에서 빛의 산란이 이루어진 탓에/ 지구는 파르
스름한 연옥색軟玉色으로 빛난다.//
대기권이 존재하지 않는 별은 푸른색이 나타나지 않아/
별 중의 별 지구는 축복받고 태어난 항성恒星이다.//

-「하늘은 왜 파란색으로 보일까?」에서

위에 인용한 시편에서 '빛의 산란散亂(Rayleigh Scattering)은 곧 빛이 대기나 액체 속의 미세 입자에 부딪혀 산란이 되는 현상이기에, 짧은 파장일수록 빛의 산란이 더 활발히 일어나 파란색이 두드러지게 보임은 새삼 지켜볼 점이다.

그렇다. 소소한 삶의 일상에서 제한된 공간에 처한 이 땅의 대다수 정신작업의 종사자들에게 주어진 시대적 소임이나 역할의 수행에 앞서, 좌절이나 절망이 아니라, 소중하고도 유의미한 삶을 위한 긍정적 사고를 지녀야 한다. 비록 그 자신이 40년 가까이 공직인 농어촌공사에 몸담았기에 때로는 '기대 이상의 수확은 어려운 현상'일지라도 "농부는 농사철이 되면 하늘의 도움/ 빌고 또 기도하지만 순조로운 기후는/ 자주 찾아오지 않아 농심은 멍들고 지친다.// 아, 그렇다. 농사는 시작부터/ 간절한 기도에서 출발하는 업業이다.(농심農心은 기도祈禱하는 마

음)"도 그렇거니와 "글쓰기에 적절한 쉬운 단어도 가끔은 깜박/ 그렇지만 하루가 가기 전 이름과 단어도/ 복원되어 또다시 입력하기 반복이다.(늙음의 탈출구)"라는 술회도 예외일 수 없다.

각론하고 현실적으로 인생의 황혼기를 조금은 여유롭게 '느림의 시학'으로 보행할지라도 다소 지순한 삶을 즐기며 '하늘의 별, 지상의 꽃'을 다각적인 시선에서 "앙증맞은 예쁜 모습 마음속에 담기지만/ 너무 작아 뭇사람 눈에서 멀어져/ 홀로 피어나 짧은 생애 마감한 애틋함.(꼬맹이 꽃)"에서 지상에 갈 앉게 나직이 읊조리는 그 자신의 소박한 심성은 저토록 순수무구純粹無垢의 일체감으로 빚어져 "연꽃은 깨끗하지 못한 고인 물에서/ 뿌리로 번식하는데 특히 큰 꽃 아름다워/ 꽃 중의 꽃임에 맞물림이다.// 부처님의 탄생을 축하하는 꽃,/ 불상이나 스님이 기거하는 요사채에/ 연꽃 그림의 장식은 이채롭다.(꽃 중의 꽃)"에서 그 따뜻한 감성이 '놀라운 미모美貌의 여인상이거나 하늘이 보낸 꽃 중의 꽃 바로 연화蓮花'에 견주어짐은 경이롭다.

특히 '이른 봄 잔디밭에 하얀색으로 피는' 전령사의 꽃말은 '겸양'이지만 색깔과 종류만큼 꽃말이 다양한 제비꽃을 대상으로 "그리스 신화의 양치기 소년 "아티스"가/ 아름다운 소녀 "이아"의 진실한 사랑 고백을/ 무시하자 "이아"가 끝내 생을 마감하여/ 제비꽃이 되었다는 전설이다.(제비꽃)"의 보기에서나 또 평자와도 무관치 않은 「채련곡採蓮曲(연밥 따는 노래) - 허난설헌許蘭雪軒」은 동양 3국의 최초여류 시인 초희楚姬를 극적으로 형사形似하여 "내면의식을 빠짐없이 표현한 여류 시인 초희의/

비장감 묻어있는 채련곡採蓮曲을 새삼 헤아리면,/ 그녀의 시 세계가 절절하게 저토록 살아나/ 문득 독자와 함께 그날의 심정이랄까?/ 타임머신(Time machine)의 시간여행이 절박하다.(허초희의 아름다운 시)"에서 긴장감은 물씬 이채롭다.

차제에 그 자신의 대다수 시편에는 계절의 순차循次에 맞물린 지극히 개성적인 '느낌과 체취, 그리고 육성'을 감정을 절제한 서정성의 시적 형상화로 묘미와 그 감응은 꽃의 시인으로 일컫지 않더라도 신선한 정감情感이다. 따라서 순수한 언어 이전의 영혼에 비견되기에 눈물보다 더 큰 목소리, 감동을 주는 웅변이 없는 탓인 연유로, 그의 시편에 눈물은 자주 사용되는 시어는 아닐지라도 동시대 그 어느 정신작업의 종사자보다 장소성場所性에 대한 남다른 애정은 격조格調 있게 표출되는 조짐이다. 까닭에 "집터 구하느라 고생 많았다는 격려의 말과 함께/ 어떻게 남해 금산을 바라보는 장소에 집터를 묻자/ "형님! 안목이 없어 저도 오늘에야 처음 봅니다."(남해금산南海錦山"의 일면도 측은지심惻隱之心이거니와 또 한편 그 자신의 일상에서 체득한 아름다운 삶의 잠언箴言인 느림의 시학은 정감의 이행移行으로 "최초 나의 결정 또한 정확한지를 분석하는/ 삶의 지혜로 매사에 '조금은 천천히'/ 응당 한 템포(Tempo) 느림의 미학으로/ 황혼의 인생길, 외고집의 굴레 벗어날 일이다.(한 템포(Tempo) 늦게)"의 경우와도 예외일 수 없다.

어디까지나 '남강으로 빠르게 밀고 들어가 끝내 왜장 케야무라를 죽이고 장렬한 최후로 순국殉國을 자처한' 의기義妓 주논개朱論介를 서사시로 극화劇化한 시편은 조국충정祖國忠正의 의기가 살아나 못내 미더울뿐더러 촉석루의 의암義巖을 겨레의 후예後裔로서 역사의식의 그 막중함은 추모하지 않을 수 없다.

그녀의 남편은 장수 현감과 경상우도/ 병마절도사로 진주성 전투에서 전사하는데/ 지아비 죽인 왜장을 수장시키기 위해/ 절치부심切齒腐心 뒤 고뇌의 밤 지새웠다.//
진주성 참전 병사와 장수군에서 찾아온 주민이/ 논개의 시신 수습해 고향인 장수로 이동 중/ 시신이 심하게 부패하여 더 이상의 옮김 불가해/ 함양군 서상면 금당리에 안치시켜 그 나름으로/ 의암신안주씨지묘義巖新安朱氏之墓를 세상에 알렸네.//

-「의기義妓 주논개朱論介」에서

모름지기 직물 대상의 감응에 맞물린 그 자신의 시편에서 예감되는 서정적 변용은 전통적으로 한시漢詩에서 '이백은 시선詩仙, 두보를 시성詩聖의 극존칭'으로 처리한 서정시의 관점에서 "이백의 시작詩作 중 망여산폭포望廬山瀑布의/ 장엄한 폭포의 위용을 보고 호방豪放한 기개가/ 넘치고 자연에 동화되는 이백의 성품이 담겨/ 시편은 신선한 충격과 감동을 새롭게 일깨운다.(李白의 抒情詩)"라는 시적 묘미야말로 '독자와 공유하고 싶은 충동에서' 그 시적 의미망의 확장은 유의미하다. 모처럼 "창조자의 이름에 합당한 것, 신과 시인 말고는 없다."라는 영국의 낭만파 시인 셸리(Percy Bysshe Shelley)의 역설을 거론 않더라도, 경건한 창조 활동을 폭넓게 이행할 '영감의 비의를 해명하는 사제로의 역할'은 몸소 수락할 일이다.

또 한편 그 자신의 시 인식에 점철된 '가지 않는 길'을 시적으로 형상화한 미국의 시인 로버트 프로스트(Robert Frost)와의 연계 층위에서 '새싹이 피어나는 예쁜 모습과 다른 식물과 더불어 살아가는 일상도 볼 수 있다.'에서 다소 여성적인 자상함과 치밀함으로 "그렇다. 작은 관심만으로도 끌어안는/ 심적 충동감의 안쓰러움이다.// 말하지 않아도 그대는 나를 알아본다/ 나의 표정을 먼저 알아보기 때문이다.(가지 않은 길)"을 통해 확증되듯 그 따뜻한 감성의 정신풍경에 아니마(anima)적인 평온함이 맞물림으로 끝내 안타까움마저 정화할 생명외경심生命畏敬心이 짐짓 수용된 낌새다.

그렇다. 비교적 감정이 섬세한 정대요 시인의 차별성을 지닌 시작詩作 과정에서 삶의 일탈과 인식의 매개媒介에 비장한 결의가 파악되기에, 실리적 이해관계로 붓의 날刃 세우는 천박한 시인에 견주어 담백한 시격詩格은 빠삭한 속셈에 항상 낯설어 모가 나지 않는 양상으로 그 관계성은 최선의 드러남이다. 이처럼 시적 현상과 존재론적 해석을 위해 그 자신의 기억력을 재생시키며 따뜻한 영혼을 지닌 엄숙한 사제로서의 소임은 분할과 통합이라는 각고의 통로를 걸친 결과물임에 틀림이 없다. 그 같은 관점에서 "예쁜 자태로 끈질긴 생명력 자랑하며/ 삶의 지혜 깨닫는 그 본보기로 살고 있다.(하얀 나비 바늘꽃)"의 양상에서 현상학적으로 삶의 일상에서 가시적인 모든 대상은 소멸할 것임에 세월의 틈새를 비집으며, '어제는 역사이고, 내일은 신비이며, 오늘은 선물이다.'에서 미세한 움직임도 놓치지 않는 치밀한 관찰이 더없이 요청된다.

3. 타자 간의 배려와 생명감의 통신

그 나름으로 시의 본질인 순수서정시에 뿌리를 내리고 새로운 시의 틀 짜기를 위한 도전 · 실험을 위해 본질적인 고독 앞에서 고뇌하되 창조한 조화로움을 종종 새들의 날갯짓으로 변주시키며 생명력을 지탱함은 높이 평가받아 마땅하다. 이 같은 조짐兆朕은 혹여 '자신을 위해 무덤을 만들지 않는 새鳥의 생리'로 천상天上의 표징인 '새가 소리 하나로도 꽃그늘을 깐다.'라는 고정인식의 깨기와 연계성을 지닌다. 이처럼 그 자신의 내면의식은 놀랍게도 '한순간의 격정과 끓어오르는 분노에 평정을 안겨주어 감미로운 심적 현상을 유지 시켜주는 역동성'을 지닌다. 또 한편 비록 절망의 끝이 보이지 않는 시간대일지라도 생산적 결과물을 음미할 수 있는 분위기다. 까닭에 영국의 시인이며 비평가인 윌리엄 어네스트 헨리(William Ernest Henry)가 「정복되지 않는」 그 시편에서 "나는 내 운명의 주인/ 나는 내 영혼의 선장임"을 역설하였듯 비록 감당할 수 없는 현상에서의 중차대한 과제임에 틀림이 없다.

특히 역사상 지구촌에서 동족상잔同族相殘의 가혹한 한국전쟁

(The Korea War)을 겪었으나 마침내 열린 세계로의 추이는 위대한 조국의 국위를 선양하는 현상인 연유에서 "신의 계시啓示와 일깨움이 하늘에서 내려온다./ "악惡을 제압할 힘은 스스로 만들어야 한다."라고.// 아, 그렇다. 세계에 또 하나의 신선한 충격을 안겨주는/ '한류(K팝), K-9 자주포, 반도체, K-조선' 등으로/ 국력을 신장하고 끝내 '홍익인간弘益人間의 정신'으로/ 켜켜이 이 땅과 이 나라를 온전히 지켜내야 한다는 것을.(신神의 응답)"에서 더없이 신선한 충격은 매혹적이다.

각론하고 시의 본말本末인 서정시를 언희言戲의 이끌림 없이 '온 산야가 주홍색으로 물들어 바라만 봐도 감흥에 젖어 들고 가슴속은 시상詩想의 노크다.'라는 짐짓 그 심리 현상의 맞물림으로 "오늘 아니면 내일이라도 쾌청한/ 가을 하늘이 불현듯이 찾아오기를/ 간절히 두 손 모아 기원한다.(비에 젖은 가을 하늘)"라는 그 보기나 "타국이 못 가진 광물鑛物을/ 위기 때마다 금수 조치하는 나라,/ "이웃을 사랑하라"는 옛 성현의 말씀은/ 책 속에서 비웃으며 질책하는 현상이다.(질서秩序의 혼돈)"에서 그 지혜로운 잠언箴言은 호흡을 가다듬고 새삼 관망할 점이다. 짐짓 「화산탄火山彈」에서 "하나 같이 배부른 강아지를 닮아있고,/ 높은 하늘에서 낙하 당시 빠른 회전으로/ 표면은 공기 마찰에 돌출부 정리되어/ 반짝반짝 빛나면서도 매끈매끈 부드럽다."라며 '무게 중심 쏠려 있는 앞부분은 뭉툭하고 뒷부분은 갈라진 듯 퍼진 듯한 독수리 꼬리 닮아 날아오르기 위한 도움닫기 자세'가 감별되어 더없이 정겹고 느꺼운 시편에서 생명의 본원本源에 대한 간절함을 때로는 와락 끌어안을 점이다.

까닭에 특이한 지역의 처소와 결부 맺어 순수서정성을 한층 더 자극하여 시적으로 형상화된 시편 중 비교적 그 자신의 시작 과정에서 다소 뒤늦은 시간대의 "자갈자갈 몽돌 데굴데굴 합창 소리 정겹고,/ 수만 개의 몽돌이 힘 모아 즐거운 듯 막아내/ 큰 파도에 밀려온 몽돌해변 따라 작은 둑 쌓아/ 긴 시간 못내 기다리는 낌새다.(거제도 몽돌해변)"의 보기에서나 또 한편 비록 눈물겹지만, 정대요 시인이 한국 고유의 정신문화인 정情을 새삼 일깨워 '따뜻한 정과 사랑이 넘쳤던 그 세월 가고 모두 훌훌 아득한 하늘길로 떠나간 허망한 삶의 일상'에서도 "수일 후 돌담 그 자리 모친의 외침이다./ "대원아! 게 누구 있니? 자 받아라."/ 삶은 고구마 한 소쿠리 가득 따끈한/ 껍질 벗겨진 그 샛노란 밤고구마다.(돌담 위 정을 담아)"를 지상에 갈 앉은 낮은 음조의 시적 작위는 지극히 운명적인 혈연의 매듭에 의한 다정다감의 느꺼움이다.

모름지기 폴 발레리(Paul Valery)의 '시적 형식은 자동적으로 자신을 회복시키는 법, 안과 밖이 관통된 일원론적 사유로 인간과 우주를 연대시킨 통로임'을 수용할 때, 시 인식의 미끄러짐 속에서 그 자신이 지혜로운 잠언箴言에 적합한 시적 질료를 모색하는 고뇌는 비장하다. 이같이 그 자신의 삶에서 '신기하게도 연리지連理枝의 변형'은 체험의 일면이나 "두 나무 한 나무 되니 예전보다 더 싱싱한 자태/ 햇빛에 윤기마저 한층 더 생기롭다./텃밭 가장자리에 3~4년생 어린 소나무 숲/ 손주들 오면 정원 속 체험장으로 활용하리라.(두 뿌리 한 나무)"를 통한 연인의 운명적 만남은 필연적임에 무엇보다 「동종선근설同種善根說」에서 '부모와 자녀'의 그 소중한 혈연血緣은 목숨처럼 각별하다. 한편 시집 평설의 끝에서 정대요 시인이 끔찍이 아끼는 손녀 예현이의 시편 「겨울의 속삭임」, 「그리움」의 수록은 기념비적인 흔치 않은 일이기에 결코 소홀히 외면하고 지나칠 수 없다.

결론적으로 "물속에 놓여 있는 돌도 함부로 치우면 물의 울음소리가 달라진다."라는 「명주가溟州歌」의 교시敎示를 격앙된 어조로 거론치 않더라도, 그 자신이 혈흔血痕 같은 시편에서 저토록 꽃 피우는 따뜻한 감성과 집념은 뜨거운 심장에 각인시킬 키워드(key word)다. 까닭에 그 자신의 대다수 시편에는 절제된 감정임에도 금화처럼 반짝이는 눈물이 그렁그렁한 정감이다. 또 한편 역풍으로 찢어진 그물코 다시 깁는 비장한 정신작업도 그렇거니와 온갖 시련에서도 소망의 닻줄 움켜잡는 삶의 주체로서 타자의 깊은 상처치유는 적극적으로 대처할 놀라운 기대심리다. 모쪼록 우리 시문학사에서 2%의 염분이 오염된 바다를 정화 시킬 극소수의 창조자로서 빛나는 자존감 켜켜이 지켜낼 또 하나 정체성의 확장이다.

삶의 향기, 순풍에 다가오고

- 바람결에 나의 체취體臭 흩날리고(Ⅲ)

[시를 닮은 수필, 수필 닮은 시]

인쇄 2026년 1월 12일
발행 2026년 1월 20일

지은이 정 대 요
펴낸이 김 언 경
펴낸곳 홍익출판사

주소 / 대구시 중구 명륜로23길 38-4
전화 / 053)421-6700, 427-3627
팩스 / 053)423-5965
등록번호 / 1987년 11월 26일 제1-107호
E-mail / hongick8821@daum.net

정가 12,000원

ISBN 978-89-7826-320-7 03810